西汉故事

一口气读懂中国史

将进酒·黄　著

人民东方出版传媒
東方出版社

西汉大事记

公元前 206 年　秦朝灭亡，楚汉战争爆发

公元前 202 年　刘邦建西汉

公元前 195 年　汉惠帝即位

公元前 188 年　吕后执政

公元前 180 年　汉文帝即位

公元前 157 年　汉景帝即位

公元前 154 年　七国之乱

公元前 141 年　汉武帝即位

公元前 87 年　汉昭帝即位

公元前 74 年　汉宣帝即位

公元前 49 年　汉元帝即位

公元前 33 年　汉成帝即位

公元前 7 年　汉哀帝即位

公元前 1 年　汉平帝即位

公元后

公元 6 年　孺子婴为皇太子

公元 8 年　王莽建新

公元 23 年　更始帝称帝

目录

第三章　光荣年代

第四章 大汉中兴

第五章　未央落日

引 子

公元前3世纪的最后几年，秦王朝在各地反政府武装的痛殴下灭亡。取而代之的是由刘邦所创立的汉王朝。汉王朝又被历史学家分为两部分，刘邦所建立的汉王朝被称为西汉，后来刘秀建立的汉王朝被称为东汉。

好运之神青睐西汉王朝，各位皇帝高瞻远瞩、决策英明，使西汉王朝一步登天，进入中国历史上最辉煌壮丽的汉武帝时代。柏杨说，这段时期，是中华帝国的黄金时代中的黄金时代，强大得令周边国家望而生畏，富裕得令周边国家垂涎三尺。

不过，好运气不可能永远跟随西汉王朝，自汉武帝之后，西汉王朝再也没有出现一位英明神武的皇帝。这些皇帝中虽然没有暴君，但庸俗之君也很可怕。王朝的所有遗产如同树上的苹果，掉进了外戚王莽的怀中。

第一章　刘邦建汉

楚汉之争

为了夺取天下，刘邦领导的汉军和项羽领导的楚军展开了生死角逐。公元前 202 年，被汉军追得狼狈不堪的楚军来到垓下这个地方。一天夜里，远处传来清晰可闻的歌声，声音哀凉无比，楚军将士细细一听：这不正是自己老家的民歌吗？

当时，汉军已经把他们重重包围，曾经不可一世的楚军被困其中，深觉逃出无望，心想只能听天由命了。本来众人已经够郁闷的了，居然在这个时候听到了久违的家乡的音乐，心中更是悲伤，有的忍不住痛哭流涕，有的直接把兵器摔在地上，骂道：“这仗是必输无疑了，还有什么可打的！”

这话说得很是实在，恐怕就连身在大帐的项羽也是这样想的。他拉着美女虞姬一块儿喝闷酒，回想起昔日的风光，心中苍凉无比。

别看项羽现在这么惨，其实当初比较惨的是刘邦。刘邦只是普通老百姓出身，而项羽却是楚国的将门之后，吃穿不愁，还勇武有力，在打仗方面是一把好手。刘邦刚开始起义的时候，自己

社会风情

楚河汉界

公元前 203 年，项羽和刘邦谈判，以鸿沟为界，订立互不侵犯条约，这就是象棋游戏中“楚河汉界”的出处。甚至有传说认为，象棋就是韩信发明的，象棋游戏演绎的就是楚汉相争的故事。不过主流的研究意见认为，象棋的雏形在战国时代就已出现，以后不断改进、完善，到宋代基本定型。尽管如此，象棋中蕴含着深厚的历史文化，玩象棋游戏，就仿佛在不断地重现当年楚汉相争的历史现场。

没能力单干，便只能给项羽打下手。

寄人篱下的日子是不好过的，尤其是在项羽的手下。早前儿，大家约好，谁先打下关中，地盘就归谁，谁就是关中王。项羽志得意满，认为夺取关中易如反掌，所以就忙着跟别人打仗，无暇顾及关中。就趁着项羽在前方打仗这空当，刘邦躲在后面占了个便宜，他早早就占领了关中这地方，但还没来得及享受胜利果实呢，项羽的大军也开过来了。金子在哪里都会闪光，肥肉在哪里都会引发争抢，这不，关中这块肥肉，在刘邦和项羽之间就引发了大争夺。

先前的约定还算不算数呢？刘邦想守约，但他的实力不允许，这块肥肉对他来说太大了。项羽也想守约，但这么一大块肥肉，怎么可以让刘邦那小子就这么白白占了去呢！项羽是大哥，大哥跟小弟讲什么守约，那不是太掉价了吗？所以项羽腾出手后，就给刘邦发了通牒：你小子敢抢我的风头，你就等着我来打你吧！

刘邦吓坏了，立刻决定撤出关中，还亲自登门拜访，出席项羽摆的酒宴，也就是大名鼎鼎的鸿门宴。一见到项羽，刘邦马上笑脸相迎："老大，我总算见到您了。您都不知道，我夺取关中

庙堂真相

听劝才能获得胜利

汉高祖刘邦成功创业的秘诀——听得进劝。鸿门宴后，项羽自封西楚霸王，封刘邦为汉王，刘邦很恼火，想找项羽拼命。萧何说："汉中那地方虽然又偏又穷，但总比见阎王强吧？"刘邦不服气："你怎么就料定我打不过项羽？"萧何说："大王，您看看咱们与项羽的力量对比，不死还能活？"刘邦没办法，只好听萧何的话，去汉中埋头苦干，养精蓄锐。

的时候有多辛苦。好在我凭着对您的一片赤胆忠心，好歹把它拿下了。现在您既然来了，我就把关中还给您，我继续当小弟。”

项羽一听，开心了，暗道：“这老小子原来这么识相，也好，省得我还要打场硬仗。”由于刘邦认错态度好，项羽的心肠不由得软了下来：杀，还是不杀？这是个问题，既然这小子知错就改，那我是不是也应该给他一个机会呢？好，主意就这么定了，军师范增在一边一个劲儿地使眼色，项羽也装着没看见，只管喝酒作乐。

范增着急了，如果这次放走了刘邦，以后还有没有这样的好机会就难说了。于是，范增找来项羽的堂弟项庄，对他说：“你哥哥意志不坚定，有心放过刘邦，你现在进去舞剑，借机杀掉刘邦，以除后患。”

项庄依言而行，进去自告奋勇地说要舞剑给大家看。刘邦看见对方手中闪着寒光的利剑，背上顿时冒出了冷汗。舞剑开始了，项庄的剑有好几次直指他，刘邦心中恐惧不已，却还硬装出一副笑脸，勉力维持。

项羽的叔父项伯看不过去了，起身道：“项庄，我来和你过两招。”其实，项伯跟刘邦的下属张良关系很好，自然就站到保

野史秘闻

无奈的项羽

刘邦与项羽在广武对峙，项羽将刘邦的父亲刘太公押出来，说：“刘邦！如果你还不投降，我就煮了你父亲！”刘邦回答：“从前我与你在楚王面前约为兄弟，那么我的老爹就是你的老爹。如果你非得把咱们老爹煮了，别忘了分我一杯肉羹！”遇上这种无赖，项羽可真是没辙，得，老爹也不煮了。

刘派这边。刘邦见有人出来伸张正义，才暗暗嘘口气，后来便找了个借口溜了。

刘邦一跑，项羽就把大军开进咸阳城，杀了秦王子婴，烧了大秦的皇宫，随后大摇大摆地离开了关中。他走得潇洒自在，刘邦却走得心不甘情不愿，从这以后更是下定决心要夺取天下。

刘邦是一个识时务的人，正因为如此，在遇到项羽这个战神后才能屡次脱险。项羽在秦国灭亡后，便杀了当时名义上的顶头上司楚王义帝，继续跟诸侯争地盘。逃出关中的刘邦可没闲着，他见项羽打仗打得不亦乐乎，便也扯开了一面旗帜，上写："为楚王伸张正义。"

这个口号弄得太好了，为刘邦赢得了很多支持者。不久，他便带着数十万大军，趁项羽后方空虚之际，直接进入了他的地盘，一路走到彭城。刘邦的这次行程太顺利了，让他有些不敢相信。大军驻守在彭城，刘邦和四方诸侯进城后，就忙着搜罗城中的珠宝玉器，拉上美女喝酒作乐。

那边项羽得知消息后怒不可遏，大骂："几天不修理这家伙，他居然敢上房揭瓦了。哼，有本事的就等着。"项羽气冲冲地带

庙堂真相

像彗星划过天空

"生当作人杰，死亦为鬼雄。至今思项羽，不肯过江东。"这是宋代女词人李清照的诗，也是所有关于项羽的诗词中，流传最广的一首。项羽（公元前232—前202）的一生，短暂而灿烂，就像彗星划过，刹那间发出的光芒，却惊天动地。如何评价项羽，后人众说纷纭，或许我们可以说，项羽事业上虽然失败了，但在塑造个人魅力上，无疑是非常成功的。

着三万大军回来了，刘邦正在彭城享受好日子呢。

三万楚军兵临城下，吓坏了刘邦。项羽一声令下，骁勇善战的楚军便发动猛攻，让各方诸侯及汉军毫无招架之力。刘邦又一次尝到了惨败的苦果，等他突破重围的时候，大部分汉军已经死的死，伤的伤。他垂头丧气地回到自己的地盘，暂时断了重新出山的念头，开始休养生息，一心一意谋发展。

这期间，项羽可没消停下来，而是继续四处征战，导致楚军的实力大大减弱。相反，汉军得到机会重整旗鼓，并且获得了很多人的支持，各方纷纷表示愿意跟刘邦共同对付项羽。事实证明，这次刘邦准备充分，楚军屡屡受挫，才会有了开头所写的“四面楚歌”。

正是这一年，项羽的大军全军覆没，曾经的西楚霸王也在乌江自刎。

向历史借智慧

成功需要“三驾马车”

刘邦由弱小变得强大，最后彻底打败项羽，他自己总结了一下，全靠了“三驾马车”：张良、萧何、韩信。张良负责制定战略战术，代表着远见，有远见者赢得未来；萧何负责后勤保障，建设根据地，是核心竞争力，有核心竞争力者可以立于不败之地；韩信是常胜将军，战必胜，攻必取，代表着创新力，创新帮助发展。这“三驾马车”是刘邦创业团队的核心，也是所有团队成功的关键。

田横五百士

刘邦打败项羽后，加快了统一天下的步伐。各方势力看他俨然成了老大，为求自保，只好赶来投降。这其中最荡气回肠的一段故事，恐怕就要数齐王田横了。刘邦也征召了田横，想请他来朝中做官，面对老大的邀请，田横左思右想，觉得不能不去，但走到离长安城不远的地方，离刘邦只有一步之遥时，却自刎而死。

话说刘邦和项羽在争天下的时候，其他诸侯也没闲着，田横自然也不例外。秦末大乱，田横和他的兄弟们也按捺不住了，深觉天下本来就是七国共有，况且齐国曾经当过多年的老大，不重拾往日的威风简直就是家族的罪人、不孝子孙。

想到就要去做，兄弟几个当下便将之付诸实践。他们纠集了一帮人马，在原来齐国的领土上迅速发展。项羽见了，很不开心，大家都知道，他是出了名的地霸，最不能容忍的就是有人在他眼皮底下开分店。他不由分说，直接率兵攻打过来。没多久，田横的哥哥死于战争之中，田横领着几万残兵剩勇，继续跟项羽死磕。

野史秘闻

刘邦下鲁城

刘邦干掉项羽后，全国基本不费吹灰之力，传檄而定，只有鲁城还在坚守。刘邦一听大怒，率领各路兵马围了过来，准备攻城大屠杀。谁知攻了几次，毫无进展。这时，一个老汉站了出来，对刘邦说：项羽曾被封鲁公，鲁城人忠诚，在为他坚守呢！刘邦一听，立即明白了，就把项羽的人头用长竹竿挑起来给鲁城的人看。鲁城的人这才投降。

田横也不是项羽的对手，但好在项羽是个大忙人，他实在太忙了，不光要忙着对付田横，更重要的是要对付刘邦。两相权衡之下，项羽只好先放下这边，宣称：“我要先去解决姓刘的了，反正这姓田的也成不了什么大事。”就这样，田横的事业暂时得以保全。

公元前202年，楚汉之争总算结束，得胜者刘邦统一天下的步伐已经无法阻止。他先是派出使者到齐国，准备来个和平谈判。使者去了，可是齐国朝堂上下都不愿答应。你想，人家现在再差也能称得上国君，而统一以后最多只能当个省长之类的，谁大谁小不是一目了然吗？

谈判还没结束，大将韩信就着急了，他领着手下的兵马，直接杀将过来。韩信也是后人口中的传奇人物，大家给他取了个绰号，叫“战神”。既然是战神，田横自然不是他的对手。刚刚恢复的齐国又被打散了，田横带着五百多人逃到了海岛上。

这时有人就劝刘邦：“反正就几百人，你随便打发几个人去把他们灭了，怎么样？”

刘邦一摆手，说：“下刀之前还是要给点重赏不是？如果他们打定主意不降的话，到时候我再动手，天下人也就没话可说了。

名臣风骨

田横三兄弟

田横三兄弟——田儋、田荣、田横——是“宁为鸡头，不为凤尾”的人。在秦末汉初之际，三兄弟先后自立为齐王。田儋战亡后，田荣立田儋子田市为齐王。项羽灭秦后大封诸侯，把齐地一分为三，田市为胶东王。田荣、田横对项羽干涉齐国的内政严重不满，撕毁了任命书，起兵反抗。但田市害怕，偷偷往胶东跑。田荣很生气，一刀结果了田市，自己做了齐王。

相反，如果现在贸然动手的话，我岂不是要失去民心了？”于是，他向天下人表明态度：“一旦田横来投降的话，我就封他做王侯；如果他死活不归顺的话，我就要考虑用暴力解决问题了。”

待在海岛上的五百人听说这件事后，就跑去问田横的态度。田横沉思良久说：“刘邦在舆论方面的实力明显强过我，既然那家伙都这样说了，为了大家的将来考虑，我现在就带两个人前去投降。”众人向来都唯田横马首是瞻，但这次听他决意投降，便纷纷劝他小心。临行前，他向众人交代：“我这一去，就是为了让大伙能有一条生路，如果成功的话，你们一定要好好过日子。”众人看他神情严肃悲壮，都不由得落下泪来。

一路上，曾经跟刘邦屡屡作对的田横异常安分，随行的汉军们也渐渐放松了警惕。等到快到京城的时候，他找了个借口支开这些人，对两个手下说：“从以前起兵到现在，我已经得罪刘邦很多次了。现在虽然说要封我做大官，但他又怎么可能对我完全放心呢？况且我本来就是齐国贵族，现在国家亡了，我不去九泉之下向先祖请罪，难道还要强留在世上吗？”

两个手下本来想再劝劝他不要轻生，结果他又道：“我死了，

野史秘闻

刘邦用人看实力，不看虚名

周勃、灌婴等人向刘邦打小报告，说陈平这人人品不好，不能重用。刘邦把陈平的推荐人魏无知招过来责问，魏无知说：“我推荐的是陈平的才能，而您说的是陈平的人品！非常之时就得用非常之人，您说呢？”刘邦点头称是。

刘邦才会对你们这几百人放心，我才能真正为你们留一条后路啊。到时候你们把我的头颅割下来，骑快马赶进京城，送到他面前，他一定会饶过你们的。”说完，他便抽出利剑，往脖子上狠命一抹。

他的两个手下悲痛不已，却依言而行。等到他们见到刘邦交出头颅后，刘邦惊讶不已，暗自叹道：“宁死而不受辱，田横真是条好汉！”之后，刘邦便让田横的两个手下在宫里当官，还让人即刻启程，去海岛上招降另外几百人。

田横的葬礼是按王礼的规格进行的，跟他同行的两人在葬礼上痛哭说：“咱们跟随齐王这么久了，现在他能一死以谢天下，那我们的性命又算得了什么呢？”之后，这两人也双双在田横的墓前自杀。

等刘邦派出的使者到达海岛后，岛上的五百人听到田横自杀的消息都哀哭不止。他们表示：“齐王高义，我等有幸才能跟随他。现在他既然先赴黄泉，我们又怎么能不送他一程呢？”当着使者的面，众人都纷纷跳海而死，无一幸存。

田横五百士的结局极其悲壮，千百年来都为人们所称颂，而那个海岛也被后人称为“田横岛”。

向历史借智慧

好男儿有志气

在秦末汉初的争霸赛中，豪杰辈出，但没有一个人像田横这样形象鲜明，千年之后想起来，还能激荡人心。田横似乎可以不自杀，有人说，田横如果不死，仍然可以封王拜侯。况且老祖宗不也说过，“好死不如赖活着”嘛。

但田横不是个肯赖活着的人，既然彻底输了，宁可站着死，也不跪着活。

猎人与猎狗

刘邦统一天下后，定国号为汉，一日他大宴群臣。席间，他说："朕之所以有今天，都离不开你们的帮助。不如朕就趁着这个高兴的日子，来个论功行赏。"

大臣们一听，都来了兴致，毕竟这分功一事，无论何时都比美酒佳肴来得吸引人。刘邦见众人都睁大了眼睛望着自己，很是满足，笑道："凡事有先后，功劳也有大小。朕觉得萧何的功劳最大，就先封赏他，让他做侯好了。"

这话刚一出口，群臣便议论纷纷。其中，有官员就驳斥道："萧何从您起兵开始至今，都没打过几场仗，怎么现在倒是功劳最大的了？皇上，在座的将军们有的为您南征北讨不下百次，难道还称不上功劳大吗？他一个后勤人员，随便给个一官半职就行了。"

刘邦从容不迫地反问道："诸位精通打猎吗？"

大臣们便回答略知一二。

刘邦又道："想要打猎成功，猎人和猎狗缺一不可。不可否认，

庙堂真相

有一种腐败是被迫的

"人怕出名猪怕壮"，何况萧何身为大管家，掌管着刘邦的全部身家，道德品格又高，深受老百姓爱戴，这样一位深得民心的高级干部，刘邦怎能不担心？刘邦在外打仗，常常派人回长安了解萧何的近况。使者来往一多，萧何看出刘邦的心思了，就大搞贪污腐败，欺压百姓，很快就把自己的名声搞臭了。老百姓的骂声传到刘邦耳朵里，刘邦顿时放下心来。

猎狗在整个打猎过程中出了很大的力，然而，如果没有猎人去发现目标，指导猎狗行动的话，它又怎么能够成功捕获猎物呢？在建立汉朝的整个过程中，萧何就好比是总揽大局的猎人，而诸位只是听从指挥的猎狗，这两者的功劳谁大谁小不是一目了然吗？”众人听到刘邦这样解释，争论才渐渐平息了。的确，说起萧何的功劳，大汉朝还真没几个人能与之比肩，就是刘邦，也有不如他的时候。别的不说，单说下他月下追韩信的事就可以知道了。

韩信最开始是在项羽手下打工，但项羽这人对待下属不厚道，总觉得全世界最厉害的就是他自己，其他人都可有可无。韩信是个有实力的人，时间一长，受不了这种窝囊气，就准备另找东家。

韩信离开之后，转而投到刘邦手下。然而，刘邦当时并没拿他当回事，只随便给了他一个管理粮草的小官做。怀才不遇的韩信就是在这种情况下遇到了萧何，而萧何在交谈中也发现了他的才华，并给他打包票说：“是金子总会发光的，你也别着急，我一遇到机会，就会向我们老大推荐你。”

萧何信守诺言，果然多次举荐韩信，可是刘邦依然不重用他。韩信彻底不淡定了，心道：“我一个有为青年，干吗非得靠着别

庙堂真相

雍齿封侯

高祖大封自己喜欢的人和同姓亲友，众将很不服气，就聚在一起瞎议论。高祖看见了，就问张良怎么回事，张良说他们在谋反。高祖一惊。张良接着说，要平息他们就得先封高祖最恨的人，连最恨的人都封，其他人就不会着急了。高祖就想起了雍齿，这个人虽有功劳，但也陷害过高祖多次，有一次还差点让高祖丧命。于是，高祖就大摆庆功宴，封雍齿为什邡侯，还当场命相关部门抓紧时间拟出论功行赏和分封的名单。此举一出，众将顿时都安定下来了。

人吃饭呢，还不如自己出去单干，将来说不定还能跟刘、项这两个不上道的家伙三足鼎立呢。”

收拾好行李后，他也不道别，就直接离开了。萧何知道这件事后，立马放下手中的公务，追了出去。汉军中有人见韩信跑了，没理会，但现在连萧何也跑了，这可怎么办？他们急急忙忙地跑去告诉刘邦：“不得了了，您现在混得太落魄，就连萧何也待不下去，跑了。”刘邦一听，当下又急又怒，吼道：“萧何是跟随我起兵的，他要跑了，我还找谁商量大事？！”他迅速找来一帮将士，要他们把萧何抓回来，自己等着找他算账。刘邦这一等就等了三天，三天后，萧何自己回来了。

刘邦一见到他，就劈头盖脸地骂道：“你也太不地道了，居然想逃跑！难道我现在真的混得这么惨？”萧何忙道：“老大，你想多了，我见韩信不辞而别，就帮你把他追回来了。”刘邦轻哼道：“你当我是傻子吗？从我起兵到现在，跑的人只多不少，你谁都不追，怎么就单单追他？”

萧何连忙解释说：“以前那些人跑了更好，还给咱们节约粮食、精简机构呢。但是韩信跟他们不同，他文可治天下，武可安四方，

庙堂真相

项羽“八不智”

项羽之所以会失败，有人总结，他至少有“八不智”：鸿门宴放走刘邦；火烧咸阳皇宫；杀降王子婴；坑掉秦军二十万；胡乱封王，得罪了大部分人；杀楚怀王（义帝）；用人方面，不能用韩信、陈平，不信任范增；战略方面，疲于奔命，不能展开阵地战来消灭反对力量。其实说穿了就是：项羽个人能力很突出，但团队合作能力太差，双拳难敌四手，所以会失败。

这样的人才怎么能够放弃呢？”刘邦见他不像说谎，这才开始认真向他打听起韩信来。自从这件事后，韩信便做了大将军，开始为大汉的建立南征北讨。

前面说到，有人认为萧何是汉军中的后勤人员，拿不上台面，可也正是因为有他，汉军才能在多年的楚汉战争中不愁吃穿，安心对付楚军。

在项羽火烧咸阳城之后，关中百姓的生活水平就跌到了谷底。萧何在这种时候挺身而出，豪气万丈地下定决心：“一定要改变现状，让百姓们过上好日子，也好为今后的战争囤积粮食。”他鼓励百姓耕种，调动大家的积极性，安抚民心，在关中一带整顿乱局，终于使得当地的农业得以恢复。

之后，汉军中的粮食供应有很多都来自关中大地，就连刘邦的汉军多次遇险后，萧何也能从当地为他补充兵马粮草。正如刘邦所说，由于萧何坐镇关中，汉军才能多次转危为安，最终打败楚军，建立大汉政权。这样说来，汉初的开国功臣中，功劳最大的除了萧何，还能有谁？

向历史借智慧

是冲锋陷阵还是运筹帷幄？

刘邦所说的“猎人和猎狗”，说穿了就是管理人才和技术人才的关系。有人或许会问：既然猎人的功劳最大，那么肯定会有很多人想充当这个角色，到时候又由谁去当猎狗呢？不错，猎人和猎狗在打猎过程中，其实是相辅相成的关系，缺一不可。萧何固然重要，但如果没有韩信这些人，成百上千个萧何也建立不了大汉。所以，选择什么样的职业，还是要根据自己的个性、特长来定，关键在于：当选定某个职业后，就要争取做其中的佼佼者，这才是真正的成功。

叔孙通制礼

汉高祖刘邦当上皇帝后，跟随他打天下的一帮弟兄封王的封王，当大官的当大官，都开始过上了好日子。他一上台，就决定要废旧革新，其中便包括废除秦朝的礼仪。这个决定一出来，群臣都山呼万岁，从此以后，上司和下属变得亲密无间、没大没小。

没错，就是没大没小。当时，礼仪虽然废除了，但国家不能不治理，所以每天还是要开开会，讨论讨论接下去的政策。高祖前半辈子总被人压着，现在当了全国人民的老大，一下子自尊心爆棚，每次开会的时候，都喜欢坐在自己的专属皇位上，享受高高在上的感觉。

喜欢摆酷的高祖让群臣受不了了，众人每次见到他这样，都笑得捧腹："您老别逗了，您以前是干啥的，我们会不知道？以前挺正常的一人，怎么现在坐上皇位，倒喜欢装模作样了呢？"说完之后，该争吵的争吵，想打架的打架，更有激动者，还拔剑出鞘，猛力击打宫殿的柱子。

庙堂真相

"刘项原来不读书"

刘邦和项羽在对待读书人上，都是半斤八两，所以后来有人写诗说："刘项原来不读书。"高祖刘邦对读书人的态度尤其恶劣，甚至当着读书人的面耍流氓，把人家的帽子抢过来撒尿。有一回，儒生郦食其来见他，高祖正坐在床上享受足疗，看见郦食其进来，摆出一副很高傲的样子，骂道："天下老百姓被秦压迫得太久了，你们这帮腐儒，除了摇头晃脑，还能干什么？"郦食其说："我正是来帮助您攻打秦国的。"高祖看他有些本事，才请他上座，两人畅谈起来。

时间一长，高祖淡定不了了。他虽然表面上仍然笑呵呵的，但背地里早就开始发牢骚了：“哼，项羽那厮都能被我收拾了，你们这些小虾米我会怕？等着吧，我要让你们见识见识我的厉害！”打定主意，他便找来叔孙通，要对方帮他想办法。

叔孙通是谁？说白了，就是一个研究“之乎者也”的儒家学者。大家知道，儒家在春秋战国时期是最不受待见的，但放到已经统一天下的汉朝这儿，一切就不一样了。叔孙通看高祖很烦恼，就拍胸脯作保证：“皇上，您尽管放心，微臣已经想到办法了。您只要给臣时间，臣一定不会让您失望的！”

高祖很高兴：本来嘛，这年头下级一接到什么任务，不是要钱就是要权，叔孙通这家伙居然只要时间，看来儒家的人也不是一无是处嘛。这边叔孙通下了保证后，便开始筹划制定礼仪的事。他先是从孔子的老家——以前的鲁国那儿找了几十个儒家学者，让他们一同到长安城来，协助自己制定皇家礼仪。等礼仪制定好后，他又让宫中的人按规定排练，力图做到尽善尽美。

一个多月后，他把高祖请过来，请高祖检阅排练情况，并说：“皇上，想要上下有别，便于治理国家的话，礼这个东西是不能

名臣风骨

圣人叔孙通

知道高祖讨厌儒生，叔孙通刚入伙时，只推荐勇士，不推荐读书人。等高祖要制礼时，叔孙通去鲁地征调儒生，其中有两个人打死也不跟叔孙通走，说叔孙通的行为是讨好当权者，礼乐要积累百年的功德才可以兴起，怎么能当权者说制定就制定呢？叔孙通笑着说：真是不知变通的书呆子。叔孙通带着他的团队日夜努力，终于制定出一套令人满意的礼仪来，高祖很喜欢，表扬叔孙通说：你真是圣人哪！

少的。有它，才能显现出您身为最高统治者的权威来，让群臣从心底对您敬服有加。”

高祖深觉有理，便道：“既然如此，朕就让群臣百官见识一下天子的礼仪，让他们从此以后不敢再小觑朕。”新年这天，朝廷照例开会，官员们都得到通知，会议地点更改在新建成的长乐宫。大家三五成群，懒懒散散地来到宫门口，还没等进去呢，就全都惊呆了。只见眼前全是整齐划一的士兵及卫队，他们手中的兵器、穿的衣服、举的旗帜，全都一模一样。气氛庄严肃穆，看到这种阵势，大家不由得噤声不语，按官位高低依次站好。

没多久，大殿上就传来“上朝”的指示，众人这才依言而进。此时天色刚刚大亮，整个长乐宫气势恢宏，官员们看见这庞大的建筑群后，不由得心生敬畏。他们安静地走入大殿，等候高祖的到来。

待所有人都到齐后，高祖才坐着专属轿子，慢悠悠地出来。他心里暗笑道：“哼，今天就让这帮老小子见识见识朕身为天子的威严，看他们以后还敢不敢放肆！”

刘邦进了大殿后，大家都按礼跪拜，刘邦这才宣布酒会开始。

野史秘闻

不想当皇帝的老板不是好主公

刘邦在咸阳，见秦皇宫富丽堂皇、美女如云，就想待着不走了。大将樊哙说：“主公，您是想做皇帝呢，还是想做富家翁？只想做个富家翁，那财宝美女您要了就要了；如果想做皇帝，那么，麻溜点，赶紧回军营！”张良也来劝，刘邦这才恋恋不舍地回了军营。

宫女和太监们这一个多月来艰苦训练，此时见终于派上用场，便在高祖面前争相表现。他们鱼贯而行，各个仪态优雅，端菜倒酒也都轻拿轻放，这让平时自在惯了的大臣们无所适从。

这还不够，整个酒会期间，御史一直站在一旁，一旦有人不按照礼法办事，他就会将官员拖出去，依法处置。众人见气氛紧张，都正襟危坐，谨言慎行。平时喝酒的今天也只是浅尝辄止，平时喜欢大口吃肉的今天也只是夹几筷子摆在眼前的蔬菜。这恐怕是官员们从建立汉朝以来，吃得最憋屈的一顿饭了。

大家感觉憋屈，高祖倒是吃得称心如意，对这样的酒会满意得不得了。吃完后，他一抹嘴，笑道："今天的酒会太和谐了，朕今后一定要多办几次。"众人一听，都暗自叫苦，但迫于无奈只好跪下高呼道："谢皇上恩典。"

叔孙通的制礼大获成功，得到了很多赏赐，官位也得到了提升。从这以后，大汉朝廷中不分尊卑的情况便再也没有发生过，高祖的皇位也越坐越舒坦。

向历史借智慧

好心不一定能办成好事

身处职场，当员工的免不了有很多牢骚，而当上司的也不见得能好过到哪儿去。如何处理上下级的关系，这的确是门学问。高祖刘邦在这方面显然是个新手，他以为打破上下级的界限，就能治理好朝政，当个好皇帝，谁知大臣们很没规矩，这让他很郁闷。好在经过叔孙通重新整顿，才使他挽回颓势，更保住了他及其子孙后代的天子威仪。当个好上司很重要，但想当个让下属心服口服的上司，摆架子这事有时还是有必要的。

平城之围

如果要问汉高祖一生最得意的事是什么，他肯定会毫不犹豫地回答：“当然是打败项羽那狂小子，建立大汉朝。”但如果问他最丢脸的事情是什么的话，高祖铁定老脸一沉，支支吾吾：“平城之围。”

平城之围围的是谁？答曰：汉高祖。被谁围困？答曰：匈奴。匈奴的剽悍，各位看官恐怕也很熟悉了，这些游牧民族居无定所，走到哪儿打到哪儿。他们让中国的皇帝头痛不已，高祖就是其中之一。

汉朝建立没多久，匈奴人便开始进犯边境，首当其冲的是韩王信的地盘。这个韩王本来是战国时代韩国的贵族，后来跟随高祖打天下，有幸被委任镇守边疆。他见匈奴人屡屡进犯，自个儿心中也着急，三天两头地写信给老大：“皇上啊，匈奴人太厉害，臣在这儿快撑不住了，您倒是赶紧派点人手来支援啊。”

刘邦开始派兵还是派得很勤快的，但韩王一再要人，他就起

名臣风骨

英雄本是屠狗辈

唐代诗人王维有句诗说：“贱日岂殊众，贵来方悟稀。”说的是很多人在他事业没有成功之前，谁也看不出他有什么特别的地方，可一旦他成功之后，人们就纷纷想起他以前的种种不平凡来。樊哙，就是这样的人，樊哙年轻时以杀狗卖狗肉为生，后来却成长为一代开国大将！韩信被刘邦软禁后，樊哙去看望他，韩信大发感慨：“想不到我韩信今天竟然落到了和樊哙一起混的地步！”还是嫌人家出身低。

疑心了："难道匈奴真有这么厉害？当年秦兵都能打过他们，咱汉军难道会打不过？"

皇帝一怀疑，大臣们的小九九便出来了。有人说："皇上，韩王一个人在外面手握重兵，现在又向您借兵，这本来就够奇怪的了。而且，臣等听说，他最近跟匈奴人来往频繁，不会是表面上打着向对方求和的幌子，实际上想谋反吧？"这话一出，高祖就打了个冷战，忙写信警告韩王。

韩王这边本来已经够郁闷的了，现在见自己的老大疑神疑鬼，顿时灰心丧气，叹道："太没意思了，我干吗还拼死拼活地为刘邦卖命呢？倒不如归顺匈奴，或许还能闯出一片天地来。"韩王处理这件事的效率倒是挺快的，没几天就嚷嚷着要脱离大汉，顺道把自己的地盘也送给匈奴。

匈奴人乐坏了，对他说："想投靠可以，你先表表忠心吧。"于是，韩王便领着大部队转头攻击汉军。

这件事很快传到了刘邦那里，他气得当场跳脚，咒骂不止。大臣们等他发够脾气，平定下来后，才问他要怎么办。他当即怒斥："还用问吗？朕坐上皇位前，不知道打了多少次仗，这一次还是

庙堂真相

打工的本就是墙头草

秦末争霸赛的主角就两个人——刘邦和项羽，其他都是陪练的、打工的。既然是陪练的、打工的，自然是谁家得势奔谁家，可以跟你共富贵，但没必要跟你同患难。战国时候，廉颇有一回下岗在家，门客们见他没了权势，就纷纷跑了；后来廉颇又发达了，门客们又一溜烟地跑了回来。廉颇不高兴，门客们就解释说：我们这些人，本来就是墙头草，哪儿有好处奔哪儿跑，您是大人物，要明白也要理解这一点。

照打不误！”

刘邦很生气，气得坐不住了，于是准备亲自带兵出门讨个公道回来。刚开始的时候，汉军还是很给力的，屡战屡胜，把韩王逼得无路可退，只好逃到大草原上找新老大去了。刘邦一路乘胜追击，一直打到晋阳这个地方，才稍作停顿。

他见汉军气势昂扬，更加坚定了要一次歼灭敌人的想法，并为此专门派人出去刺探情况。探子回来后告诉他，匈奴那边只剩下老弱残兵了，像样的匈奴兵几乎没有。高祖一听，大喜过望，但这时他还能沉住气，又派了一拨人出去打探消息。

等探子们回来后，其中有个叫娄敬的就告诉刘邦："虽然现在看上去，匈奴那边只剩下了老弱残兵，但打仗这事儿，阴谋、手段之类的不能不考虑。皇上，他们的精兵可能藏在暗处，正等着咱们自投罗网呢，您千万不能上当。"

刘邦正忙着勾画胜利还朝的美好蓝图呢，哪里会听他的逆耳忠言，沉着脸骂道："简直是杞人忧天！匈奴人口本来就少，咱们这一路打下来，耐打的话你觉得还能剩几个？"为了稳定军心，他又让人把娄敬关了起来。

野史秘闻

高智商才能得天下

项羽跟刘邦商量说："天下现在民不聊生，荒凉凋敝，全都是我们打来打去的缘故。不如这样，我们俩单挑，以一决雌雄，省得天下的百姓受苦受难！"刘邦笑笑说："别价，打架不是我的长项，我就喜欢斗智！"

事与愿违，刘邦的心愿当然没有达成。当他领着三十多万汉军到达平城（今山西大同市东北）时，四十万匈奴兵从四面突袭，他们手上挥舞着大刀，杀气腾腾，一路喊打喊杀，径自冲进了汉军阵营。士兵们慌了，将军们慌了，高祖也慌了，大声嚷道："快，快，突出重围！"

汉军将士顶着对方的猛烈攻势，拼了老命才杀出一条血路，让高祖赶紧逃命。刘邦突围后，一路仓皇而逃，一直逃到白登山这个地方才停下来。匈奴骑兵步步紧逼，将剩余的汉军重重包围。

当时，外面的汉军冲不进去，救不了高祖；而里面的军队拼尽全力，仍然无济于事。高祖及其身边的军队一缺粮，二缺草，再加上天气寒冷，很多士兵都被冻伤。他心急火燎，拉着周围的人商量对策。

这时候，谋士陈平站出来了："皇上，咱们都被围困好几天了，外面的人如果能够救援早就出手了。现在看来，我们只有打进敌人内部，才会有一线生机。"

刘邦点头称是，并让他着手去办。于是，陈平让人带着珠宝黄金去见单于（匈奴人的老大）的老婆阏氏，请她帮忙说点好话。

野史秘闻

管理是一种能力

韩信被解除兵权后，一天刘邦和他聊天："像朕能带多少人马？"韩信答："十万。"刘邦再问："那你自己呢？"韩信答："臣多多益善。"刘邦笑眯眯地说："你这么厉害，怎么在云梦泽被我捉住了？"韩信回答说："陛下不能将兵而善将将，所以我被陛下捉拿，而且陛下有老天爷的眷顾，再厉害的人又能怎样！"

阏氏收下礼物后，便跑到老公面前去说：“咱们是打惯游击战的人，现在就是把大汉的皇帝杀了，把他们的皇城给占了，咱们也住不惯啊。既然如此，还不如把他们的皇帝放回去，一来咱们可以保存实力，二来可以让他今后定期上贡点东西，何乐而不为呢？”

事实证明，男人无论多厉害，都经不住老婆吹耳边风，单于就是这样。他听信了阏氏的话，让队伍撤出一条道，放高祖离开。平城之围到了第七天，高祖终于得到一线生机。谋士陈平为了确保他平安，在撤离时，特命弓箭手左右开弓，时刻戒备，迅速地撤离了战场。

这一战后，大汉朝的军队偃旗息鼓，在匈奴面前数十年不敢大动干戈。而高祖为了确保周边地区的安定团结，开始从汉宫中挑选公主，从腰包里掏钱财，由此拉开了汉朝和亲的序幕。

向历史借智慧

忍一时之气

汉朝在武帝之前，外交上都比较窝囊。尤其在匈奴人面前，汉朝人更是抬不起头来。当时的汉朝经历多年战乱，刚刚兴建，国力上自然无法跟匈奴抗衡。最初，高祖并没意识到这点，他贸然突进，差点招致杀身之祸。也正因为这次教训，他才明白，在国家实力不如人的时候，最实际的做法就是忍一时之气，埋头搞发展。

不审时度势，大汉也难敌匈奴！

韩信之死

公元前197年，陈豨起兵谋反，高祖大发雷霆，当下召集兵马，扬言道："这家伙是不想过好日子了吧？等我去收拾他。"转过身来，他就问淮阴侯韩信愿不愿意与他同行。

一向对打仗非常热衷的韩信这次有些反常了，反应冷淡，还说自己没兴趣，要在家宅着。高祖很震惊，莫非自己将其留在京城的做法已经成功，将这人塑造成了一个宅男？前面说到过，高祖为了过足皇帝瘾，便让叔孙通帮他制礼，收效显著。可是时间一长，这位皇上大爷又不满意了。为什么？因为功臣太多，而且他们的功劳太大，功高震主啊！

高祖只要一想到这件事，就头痛不已。毕竟跟随他起兵的，不是深谋远虑者，就是长于征战者，其中更有不少全能型人才，比如韩信。以前高祖还在跟项羽争天下的时候，对方的作战能力是数一数二的，高祖被打得落花流水的情况不胜枚举。这时候，韩信出来了，很是自信地说："项羽这家伙勇武有力，您等着，

庙堂真相

彭越醢醢

高祖讨伐陈豨，向彭越征兵，彭越说有病，没亲自去。高祖很生气，把他废为平民，流放蜀地。路上彭越碰到吕后，就请求回到故乡昌邑。吕后表面上答应了，回头却对高祖说："彭越是个英雄，留下是个祸患，不如杀掉。"高祖就杀了彭越，还把他剁成肉酱，分赐给诸侯品尝。兔死狗烹，做功臣要善终很难，低调做人和明哲保身，在任何时代都是适用的。

我帮您收拾他。”

当时的高祖对韩信万分敬佩，一会儿给他送吃的，一会儿给他送穿的，还承诺:“今后哥哥发达了，一定不会忘记老弟的恩情。”韩信在项羽那儿当够了受气包，见高祖对他这么好，虽然表面上还在装矜持，但私下里早就感动得稀里哗啦了。

之后，韩信放弃了三分天下的想法，转而跟随高祖，帮他夺江山，建西汉。问题出来了，韩信这样的臣子在打江山的时候是必不可少的，但坐稳江山后，高祖开始不放心了。你想啊，对方是连项羽都忌惮三分的人物，高祖好不容易才爬到了这个位子，怎么能容忍一个权才并重的韩信在身边呢?

高祖当上皇帝没多久，韩信就被连降几级，从一个异姓王变成了淮阴侯。从天堂一下跌到了地狱，这种感觉很不好受，尤其对于自视甚高的韩信而言。从这儿之后，朝廷有聚会他不参加，要开会商量国事他就说自己生病，反正就是拿着钱不干活，发誓要当一个史上最牛公务员。

当时，有的官员出于官场道义，便到他府上去拜访。韩信很是不屑，嗤笑道：“想当年我多么风光，谁知道现在居然沦落到

庙堂真相

忍辱是一种能力

韩信灭齐后，要求升职做“假王”（齐国的代理国王），派人去跟刘邦谈。刘邦很恼火，当着来人的面大骂：“我现在被项羽围得水泄不通，他不想着来救我，还想自立为王！”看到这情景，谋臣张良、陈平连忙踩踩刘邦的脚，刘邦马上明白过来，接着骂道：“大丈夫要做就做真王嘛，假王有什么意思！”于是，派张良亲自去传达，封韩信为齐王。

要跟你们这些人平起平坐，可叹哪！”他这话一出口，人缘关系就降到了冰点，官员们不高兴了。本来嘛，大家都是当官的，你现在被降职了，我们出于好心来看看，难不成还要受你奚落？这年头在官场上混，能力再高不如有个好人缘，为啥？吃得开才好办事嘛。

从这以后，淮阴侯的人气指数呈负增长趋势，官员们一方面看不惯他的高傲做派，一方面又很嫉妒他的才干，最后，人人心里憋着气，就等机会发泄。他尚且不自知，甚至在陈豨要去外地赴任的时候，还教导对方："你现在去上任的地方太适合养兵了，再说皇上宠幸你，你不放手大干一番，实在太可惜了。但如果有人接二连三告你造反的话，你就有危险了。不过你放心，我定会和你里应外合，到时候想要这大汉的天下还不易如反掌？"

韩信够狂，他也有狂的资本，只是他终究没盘算到家。陈豨真的反了，刘邦不得不去平反，而韩信的计划也有条不紊地进行着。这时候，府上的一个手下得罪了他。韩信几年来被憋坏了，脾气变得很不好，就想把人杀了消消气。此人的弟弟得知后，心一横："你敢杀我哥哥，我就敢到皇后面前去告你。"

庙堂真相

人生机遇稍纵即逝

韩信受封为齐王后，谋士蒯通建言："你现在处境很微妙，你倒向刘邦，则刘邦胜；你倒向项羽，则项羽胜，但不管倒向哪边，你都是受制于人。所以还有第三条路，不如两边都不靠，自立门户，三分天下，这才是最上策！"但韩信不肯听。刘邦战胜项羽后，韩信再寻思要自立门户时，已经无力回天了。世界瞬息万变，人生的机遇，稍纵即逝，当时没抓住，就再也回不来了。

皇后是谁？就是后来手握天下大权的吕雉。吕雉很快知道了韩信意图谋反的事情，怒道："哼，敢跟我老公抢地盘，也不问问我答不答应！我还指着儿子将来当皇帝，我过好日子呢。"于是，吕后找来萧何商量对策。

对韩信有知遇之恩的萧何倒是忠心，见吕后开口，便给她出主意。萧何说："淮阴侯现在正宅在家里装病呢，请他出来不容易。这样吧，我们不如骗他，就说皇上已经平乱成功，要大宴群臣，让他也来参加。"吕后点头称是。

韩信收到假消息后，又惊又怒。他没有想到，陈豨这家伙这么不经打，三两下就被高祖给收拾了。而且这庆功宴连萧何都给自己发来邀请函，别人倒算了，萧何是自己的伯乐，这点面子还是应该给的不是？无奈之下，他只好只身进宫，前去赴宴。

等他到了宫门口，就有人前来收缴兵器。韩信心想：和谐社会，动刀动枪的确不太好看，所以很干脆地上缴。他怎么都没想到，刚一进宫，只听吕后一声令下，早就埋伏好的士兵手持兵器，一拥而上，大喊着："捉拿韩信！捉拿韩信！"

见到眼前的阵势，韩信才了然于心，知道这次必死无疑了，

名臣风骨

天才韩信

要成为名将，不外乎这样几条路：学习军事理论，如秦国王翦一家、蒙恬一家，虽不是入校学习，但是家族世传；战场实践，如樊哙、彭越、英布等，起自行伍，不努力不行。史书上说，"韩信贫无行，寄食于人"，可见他是没钱读书；入伍后他先后从项梁、项羽、刘邦，一直在低职位为人服务。可一担任大将军，先是"明修栈道，暗度陈仓"，接着定三秦、擒魏、破代、灭赵、降燕、下齐，直至垓下全歼楚军，无败绩。我们不得不感叹，韩信就是一个军事天才。

他也不躲闪，任由士兵们将自己擒住押到吕后面前，仰天大笑："想我韩信英明一世，就是要夺取这汉室江山也是易如反掌，没想到今天竟然被一个女人陷害，天意呀天意！"

吕后见他毫无惧色，心中也免不了有些慌乱。毕竟站在自己面前的是征战四方、百战百胜的战神，光那一身杀气就够吓人的了，何况此时他悲愤交加，气势上更是常人所不能比。吕后挥挥手，缓缓道："把韩信斩杀。"

一声令下，士兵们举刀砍下，年仅三十三岁的韩信就这样死去。等到高祖平反还朝，听说韩信被杀的消息后，又惊又喜，惊的是自己老婆心狠手辣，喜的是终于有人替自己除去了心头大患。之后，韩信的三族都被诛杀，牵连了数千无辜性命，风光一时的战神就这样退出了历史舞台。

向历史借智慧

做个讨喜的好下属更不容易

后人都说高祖当上皇帝后，待人处事变得极不厚道，这的确是无可辩驳的。但不难发现，韩信被杀这件事原因是双方面的。姑且不论历史真相如何，韩信的确没有当个好下属的潜质。他锋芒太露，不仅不懂得在高祖面前示弱，还不跟同事搞好关系。这样的人，即使再有才干，恐怕一辈子也只能当个小职员。

太子事件

高祖当上皇帝后，好日子是过上了，可也有烦恼，比如，操劳国家大事，担心有大臣谋反，再就是忧心继承人的问题。

刘邦登基时，将自己的老婆吕雉封为皇后，儿子刘盈立为太子，这本来是无可厚非的事。可时间一长，就有人不满意了，那便是戚夫人。戚夫人是高祖的小老婆，两人在刘邦还没当上皇帝前就好上了。当时，吕后刚刚结束人质生涯，一回家就看到老公身边多了个貌美如花的小情人。尽管怒火攻心，但吕后就是吕后，硬生生地装起淡定来。

吕后淡定，戚夫人可不淡定。刘邦当上了皇帝，戚夫人就想让儿子将来也当皇帝。想通了这点的戚夫人，抱着儿子一起上阵了，准备向老公讨个太子做做。高祖对这个小儿子本身就十分喜爱，再加上他聪明伶俐，更是宠爱有加。为了表示对儿子的喜爱之情，高祖还专门为他取名如意。相比而言，吕后的儿子刘盈就明显不受老爸待见。他从小被老妈带大，父子俩聚少离多。而以前刘邦

名臣风骨

张良卖剪刀

张良早年从师黄石公时，白天卖剪刀，晚上回来读书，后来他觉得读书时间不够用，就把剪刀分成上、中、下三等，上等的价钱不变，中等的在原价的基础上少一文钱，下等的少两文钱。结果，只用半天卖出剪刀的数量比平日多两倍，赚钱比往日多一倍，读书的时间也比往日多。所以民间有句谚语：张良卖剪刀——贵贱一样货。

为了逃命，更曾把他踹下马车。由此可见，刘盈同学明显是一个爹不爱的人。

高祖的一碗水没有端平，戚夫人便乘虚而入，开始吹起耳边风："皇上，您也知道我跟皇后素来不和，如果将来您不在了，就剩下我们母子两人的话，您老婆恐怕是不会放过我们的。"

高祖一听，恍然大悟，拍着大腿道："对呀，我这老婆这么厉害，等我死了，你和如意的确就没有好日子过了。"于是，向来不会坐以待毙的高祖开始在朝中活动起来了。他成天嚷嚷着改立太子，这话一出，很多大臣都站出来反对。不说别的，吕后对大汉的建立是有功劳的，在官员面前的出镜率也比较高，人气指数之类的自然就比戚夫人高。而戚夫人呢，在朝中压根儿就没人气。

有的大臣当时就跳出来劝道："皇上，这朝廷又不是茶馆，太子怎么能说换就换呢？"刘邦很不爽，虽然知道这事儿自己无法辩驳。

朝廷中出了名的口吃官员周昌也站出来，结结巴巴地说："皇上，如果……如果您一定要……要换太子的话，臣……臣……臣第一个不……不接受！"他一句话好不容易说完，高祖失望地随

名臣风骨

"商山四皓"

"商山四皓"是秦末汉初时的四位老学者，一出马就稳定了刘盈的太子之位，功劳至伟。但并不是所有人都这么高看这四位隐士，唐朝诗人元稹就说："茅焦脱衣谏，先生无一言。赵高杀二世，先生如不闻。刘项取天下，先生游白云。海内八年战，先生全一身。汉业日已定，先生名亦振。"说秦始皇施暴政的时候，你们搞隐居，不说话；赵高乱政的时候，你们不说话；刘项争霸时，你们也不掺和；直到天下安定了，四位名声有了，也不隐居了。这不是典型的摘桃子作风吗？

口应着，却依然没有死心。

吕后很快知道了这件事，怒火攻心，暗道：“戚夫人这个小三果然厉害。现在我连老公都指望不上了，看来只有寻找外援，才能保住我们母子。”就这样，她让自己的兄弟吕释之去找向来计策良多的张良。

吕释之是个暴力男，刚一见到张良，便动手动脚，还威胁说：“你别以为这件事跟你没关系，好歹你也是吃皇粮的，太子被废，国家根基不稳，对你也没好处不是？”

张良点头称是，并说道：“不是我不帮你们，只是现在不比当年，皇上身边不缺人才，哪里还会像当年那样，看重我的意见呢？他既然已经下定了决心，我们这些做大臣的如果再多说什么，他老人家一个不开心，我们的性命就没法保全了。”

后来，张良见对方态度强硬，只好说：“要不你去请‘商山四皓’吧，皇上曾经很想让他们出仕，可这四个老头一直不答应。在世人心中，得不到的往往都是最好的，因此皇上一直都很看重这四人。如果能请到他们出山辅佐太子，那么太子之位就能保住了。”

吕后等依计而行。说来也怪，这四个老头虽然没接受刘邦的

野史秘闻

心狠手辣的吕后

刘邦死后，吕后把曾经跟自己争宠的戚夫人做成“人彘”。汉惠帝死后，吕后立后宫美人所生的儿子为皇帝，并杀死太子生母。四年后，小皇帝知道自己的身世后，愤怒地说：“太后怎么能杀掉我的母亲，而把我当成皇后的儿子呢！等我长大了，我一定要向太后学习！”吕后听后，非常震惊。于是，将小皇帝幽禁而死。

聘请，但刘盈的招聘广告刚送到他们手上，这几个人就答应了。吕后很开心，刘邦很郁闷。开始的时候，高祖并没注意这四个老头，但当他留意到这四人经常跟太子同进同出后，便好奇地问道："这四个人是谁？怎么天天跟太子混在一起？"

身边人回道："皇上，他们就是你一直想要的人才——'商山四皓'。这几个老家伙，您当初派了多少人去请，他们都说自己要隐居避世。现在倒好，太子一出马，他们就自己跑上门来了。"

高祖听得震惊不已，不是为这四个老头不给自己面子，而是因为太子的人气指数居然比自己预想中的高。他茫茫然地去找戚夫人喝酒，对她说："改立太子的事情别想了，咱没戏了。现在我搞不定的人才居然被儿子给搞定了。看来，他的羽翼已经丰满，我就算想废除他的太子之位也没这么容易了。"

戚夫人见他一副绝望的表情，更是悲从中来，痛哭不止。高祖心烦不已，便道："别哭了，你为我跳一支舞，我来为你伴歌，咱们今朝有酒今朝醉吧。"从这以后，高祖就打消了改立太子的念头，吕后及其儿子刘盈的地位终于得以保全。

向历史借智慧

人脉很重要

几千年的历史证明，一个人，并不是只靠勤奋就能成功，人脉也是成功的关键所在。戚夫人失败，就败在人脉不如人上。戚夫人对权力有欲望无可厚非，但她夺权的方法不对。她本来可以仗着高祖的宠爱，在朝中拉拢官员，形成自己的党羽。然而，她最终仅仅指望一个步入老年的皇帝，希望对方能给自己留下一席之地。高祖本来是有心帮她的，但吕后的手腕高出一筹，没让自己的老公得逞。戚夫人的政治眼光短浅，难怪会以失败告终了。

白马之盟

从一介平民荣升九五之尊，高祖在有生之年好好体会了一把当皇帝的滋味，心里别提有多美了。你想想，他曾经在看到秦始皇巡游的车队时，发出过这样的感慨："大丈夫生在世上，如果能体会一下当皇帝的感觉，就死而无憾了。"当时的一句无心之言，到现在居然梦想成真，怎不叫人快意呢？

有句话说得好："独乐乐不如众乐乐。"高祖觉得光自己一人享受，实在太没意思了，最完美的就是让子孙后代也能体验到这种感觉。因此，高祖看周围的异姓王越来越不顺眼了，总觉得他们都在觊觎自己的皇位。时间一长，他更觉得，不解决这些家伙自己家天下的梦想便难以实现。

高祖打天下的时候，因为自己实力不够，便拉了一帮人入伙共同创业，等到大汉建立，这些人就被他分封为王，在所属地盘上经营民生和发展势力。事实证明，有实力的员工都是想当老板的。韩信、彭越、英布、韩王信等人都纷纷谋反，高祖的皇帝生涯不

庙堂真相

谁都有一点小心思

把好处都留给自己家人，对外人严加提防，这是所有帝王的通病。汉高祖禁止封外姓人为王，出发点就是为了巩固自己家的好处。后世的明太祖大杀功臣，出发点也是为了子孙的接班而铺路。几千年来都是如此，一个皇帝拥有天下，跟一个农民拥有一辆破自行车，心理都是一样的，恨不得什么财富都留给子孙。

太顺畅。他一方面要忙着治理国家，另一方面还要忙着四处镇压叛乱者。直到英布被杀，操劳一生的高祖才勉强喘了口气。

我们看看历史，不难发现，开国皇帝都是劳碌命，刘邦也不能幸免。他刚刚消停几天，就发现自己家的后院也要着火了。当时，高祖身边不仅有戚夫人那样的绝色佳丽，也有吕后那样的女强人，刘家后院起火就是源于吕后。

吕后虽然宅在后宫，实际上没闲着。她不仅在朝中给自己拉拢人，还让吕氏家族的人慢慢进入朝廷做事。等高祖意识到的时候，不仅吕后，就连儿子的根基都已稳固，已经无法改变现状了。

高祖很生气，暗地里骂道："这女人不就是比朕年轻点吗，以为朕先死，就拿她和吕家的人没辙了吗？哼，大不了我结盟立约，让你这辈子都不能有大作为！"

于是，高祖召集了这些年来分封的刘姓诸王，对他们说："朕现在年纪大了，对自己打下的江山很不放心。这些年来，我提拔刘氏子孙，就是希望能够保住我们的基业。今天把你们叫到这儿来，就是要找出一个确保刘家人世世代代都能传承皇位的办法。"

大家一听，都举双手赞成。本来嘛，如果一直是刘家人当家

社会风情

盟誓

盟誓，其实就是古代的合同签约典礼。从字本身来看，就是从水盆（"皿"）舀水或用血涂衅后，一起对着日月起誓。古代的"盟"很多，如春秋时期，齐桓公葵丘之盟等。从考古出土的资料看，盟有盟书，也就是合同，写在玉版上，每人一份，内容相同，末尾签着参加者的名字。盟誓完成后，盟书要和签约典礼上的牺牲一起，就地掩埋。

做主的话，那么在座的诸王，好赖都能称得上皇亲国戚不是？有权好办事，大家哪有不同意的道理。

刘邦见大家没有异议，便继续说：“为了刘家的江山，我们今天就在这里订立一个盟约吧，就算我等百年之后，子孙们也要严格遵照指示，不得违背！”他语气铿锵，众人都不由得随声附和。

高祖让人拉了匹骏马上来，白毛胜雪，四肢有力。刘邦跨步上前，手持宝剑，目露寒光，对着那白马狠命砍下去。只见那马还来不及嘶鸣，就倒地不起了。接着，他又让人从马身上取来鲜血，让诸王和他都把血蘸在各自的嘴上，才道：“今天杀了这匹马，正好以此立誓。从今以后，天下能当王的只能是刘氏一族，如果有人违背了这盟约，天下人都可以将他杀死！”

众人歃血为盟，都跟着高祖高喊起来：“天下称王者只能是刘氏一族，如有违背，天下人皆可诛杀他！”他们人数虽少，但气势逼人，声震九霄。在场的官员们也纷纷表示，今后一定会贯彻这一理念，共保刘氏江山安稳无忧。

至此，高祖的白马之盟结束，而这条盟约的兴废才刚刚开始。

向历史借智慧

白马之盟真的管用？

每个老板都希望自己创立的公司能够千秋万代，经久不衰，高祖刘邦也一样。他从拉开起义大旗开始，一生就只忙两件事：一件是打江山，另一件就是守江山。他做了皇帝后，或处心积虑地铲除异己，或殚精竭虑地为后世子孙铺路。尽管这样，后来的大汉朝也并非发展得一帆风顺，曲折依然在所难免。人虽然要有远虑，但很多事都不是人力可以控制的，倒不如放开心胸，一切随缘。

刘邦驾崩

公元前 195 年，开创了大汉朝的高祖眼看就要不行了。其实他当时只有六十二岁，若是在今天，正是老当益壮，可惜的是古代医疗条件差，再加上他多年奔波劳累，身体每况愈下。

汉初，异姓王不少，其中就有个叫英布的家伙。他看高祖做皇帝的感觉很不错，便心生羡慕。后来又见昔日的战友韩信、彭越等人一一被杀，心道：“照这样发展下去，韩信等人的下场早晚得轮到我头上。既然如此，本王干脆反了得了，没准还能捞个皇帝做做。”

英布说反就反，高祖知道后，气急败坏地带兵去剿杀。英布吓坏了，本以为他年纪大了，跑不动，不愿出门，谁知他竟戎装上阵，亲自来收拾自己。汉军看见老大出马，都觉得很有面子，于是都提振士气，奋勇拼杀。英布也不愿示弱，带着军队背水一战，战况十分惨烈。事后，英布被人诛杀，而高祖也不幸中箭。

虽然高祖又一次保住了汉室江山，但他中箭后，身体状况就

庙堂真相

刘邦创下的吉尼斯纪录

高祖刘邦不是中国历史上的第一个皇帝，却也创下了数个吉尼斯纪录：第一位平民皇帝；第一位御驾亲征而统一天下的皇帝；第一位发明“招降纳叛”和“统一战线”战略战术的皇帝；第一位以“休养生息”为国策从而在全国大力发展经济的皇帝；第一位制定礼仪从而巩固皇权的皇帝；第一位下“求贤诏”在全天下广招贤士人才的皇帝……

越发不好了。吕后见老公生命垂危，便去找名医来给他看病。高祖本对此嗤之以鼻，但还是想听听医生的意见。可是有医德的医生实在是少，肯说实话的就更稀有了。

果然，名医给他把脉后，好半天才战战兢兢地回道："皇上洪福齐天，您的病一定能够治好的。"

高祖哪会不知道自己的身体状况，现在医生竟然说自己的身体没大碍，便怒火中烧，骂道："朕能由一个平头老百姓当上九五之尊，这其中除了自己的辛苦打拼外，难道少得了'天命所归'这四个字吗？朕身为一国之君，还用不着你这个杂牌医生来忽悠！实话说了吧，朕的命归天管，便是扁鹊那样的名医也管不了，更何况你！"

那医生唯唯诺诺，连忙点头应是，高祖见对方吓得浑身哆嗦，便挥挥手，让宫人拿了钱将其打发走了。吕后在一旁见了，便道："皇上既然说命由天定，臣妾也没辙了。现在只问你一件事，在您之后，这朝廷和天下要怎么安排才好？"

高祖眼神复杂地看了她一下，才回道："朕的确该安排后事了。这样吧，朕死之后，太子还年轻，就先由萧何主持大局，让你儿

社会风情

谥号和庙号

谥号和庙号都是给死了的人用的，即对他们进行评价或进行排位。但高祖的谥号和庙号说来复杂。汉惠帝即位后，尊刘邦为高祖，汉景帝因为以其父汉文帝为太宗，故改高祖之号为太祖。于是，刘邦的庙号最后确定为"太祖"，谥号为"高皇帝"。谥法里本无"高"，"高皇帝"是刘邦所独有。

子跟他讨讨经验。”

吕后皱着眉，叹道：“萧何是跟您一同打天下的人，现在您老了，只怕他也不行了，到时候他要有个三长两短的话，又应该由谁来顶替呢？”高祖沉吟片刻，又道：“曹参可以。”“曹参之后呢？”吕后问得有些急切。高祖缓缓答道：“曹参之后就由王陵上台，不过要有陈平的辅佐。陈平这个人，智商情商都很高，但治国不是靠阴谋诡计，而是要靠‘阳谋’，他没有当老大的风范。不过，周勃在这方面倒是不错，可以让他做大官，管实事。”

吕后暗暗点头，又问道：“皇上认为周勃之后，又应该由谁接替他呢？”

高祖长叹一声，许久才回道：“周勃之后，朝中新旧交替，朕也不知道了。”他辛苦一生，曾经落魄过，也享过尊荣，现在眼见就要面对死亡，自己心中的惆怅和哀戚，别人恐怕都难以理解了。

就在这一年的六月份，高祖在长乐宫中咽下最后一口气。他之后，汉帝国迎来了四百多年的风云变幻，而汉朝也成为中国历史上持续时间最长的统一王朝。

向历史借智慧

看风景的人在路上

有位哲人说过，人生重要的是过程，而不是结果。人固有一死，可以说这个结果是谁也躲不过去的，但不同的人，活的意义不一样。意义的创造就在于过程。刘邦的一生，落魄困苦、尊荣富贵，生而为人所能尝到的两种极端生活，他都体会过了。死是死了，可他自己也觉得不曾枉活了一世，临终前说的话更是发人深省：“命乃在天，虽扁鹊何益！”

第二章　清净有为

吕后忍辱

要问刘邦去世后，能登上娱乐头版头条的事情是什么，大汉的官员们肯定会异口同声地回答：当然是匈奴人的求婚事件了。

当时，吕后刚在太后的位子上坐了几天，还没来得及享受顺心的日子，就收到一封来自匈奴的信。信是匈奴人的老大——冒顿单于写的，内容绝对劲爆。

她当时展开信一看，只见上面写道："亲爱的吕女士，我是远在草原上的冒顿单于。听说你老公最近死了，说来也巧，我老婆也刚死不久，这样看来，咱们都是孤苦无依的天涯沦落人了。我有个很好的提议，不如咱俩凑一块儿过日子得了，但是草原上风沙大，我担心你会不适应，不如我来长安城和你一块儿住，相扶到老，你觉得怎么样？"

吕后读完信后，大发雷霆，骂道："冒顿这家伙，简直活得不耐烦了。我刚死了老公，他就敢来调戏我，也不看看我是谁！早晚要这帮家伙吃不了兜着走。"之后，她又让人召集群臣进宫，

庙堂真相

天之骄子冒顿单于

冒顿是人名，这位单于姓挛，是史书记载的少数民族中第一个有雄才大略的军事家、统帅。冒顿本为匈奴头曼单于的太子，头曼单于想借月氏之手杀掉冒顿，谁知冒顿逃出。头曼单于见他有点本事，就让他统领万骑。冒顿借机把部队训练成了绝对服从、忠于自己的部队。他还制造了一种叫鸣镝的响箭，规定鸣镝射向谁，其他人也要跟着它射向谁。在一次出猎时，冒顿用鸣镝射头曼单于，左右都跟着放箭，射杀了头曼单于。随后，冒顿自立为匈奴单于。

商量对策。

官员们得知详情后，有的说要跟对方死磕到底，杀匈奴人一个片甲不留；有的劝吕后少安毋躁。樊哙就站出来说：“太后，匈奴太欺负人了，我们不能坐以待毙。我愿意亲率十万大军去把他们荡平。”

樊哙话刚说完，便有人站出来反对：“匈奴本来就骁勇善战，他们长期待在草原上，对当地地形非常熟悉，又善于打游击战，我们怎么打得过？要真打得过的话，当年高祖皇帝也不会遭到围困了。”

吕后听后，深觉有理，便压下怒火，问众人应该怎么办。有人答道：“既然我们现在的实力不如别人，那就只有一条路可走——‘忍’。”

都说“忍字头上一把刀”，吕后可是深有体会。老公还在世的时候，对她不闻不问，她忍了下来；后来情敌戚夫人屡次欺负到自己头上，狐假虎威，她也忍了下来。现在好不容易当了太后，老公和情敌也不在了，难道还要忍？

吕后跺跺脚，咬牙道：“不就是忍吗？这种事情我最拿手了。

野史秘闻

汉家皇帝多荒唐

将戚夫人整成“人彘”后，吕后请自己的儿子汉惠帝“参观”。当汉惠帝知道这“怪物”是戚夫人后，大哭一场，从此卧病在床一年有余。后来，他让人带话给吕后：“这不是人类能干出的事。我作为您的儿子，怎么去治理天下！”从此酒色犬马不上朝，七年后驾崩。

你们放心，为了大汉的安定，我们一定要以求和为主，实在不行了咱再强烈谴责一下。”

吕后整理好思绪后，便开始给单于写回信。信中说：“谢谢单于的一番美意。但是我今年已经四十六岁了，年老色衰，掉头发不说，连牙齿也开始脱落，身体状况大不如前，实在是配不上您。为了表示我的歉意，我为您准备了上好的车马，供您驱使，希望我们胡汉两家能永远友好往来。”

这封信很快到了冒顿单于的手中，他看信后，觉得很不好意思，便道：“吕后虽然是一介女流，却是个很有风度的人。大汉朝有这样的人坐镇，我们还是以和为贵吧。”后来，他还专门派出使者。到长安城去赔罪，说自己以前太冒失了，希望吕后能够原谅他的莽撞。

就这样，吕后凭借一时的隐忍，换来了大汉多年的和平安定，让民生得到了很好的发展，更为后来的“文景之治”奠定了基础。

向历史借智慧

忍一时风平浪静

有句话说：“天外有天，人外有人。”当我们的实力不如他人时，是凭一时意气去与人争斗，还是忍辱礼让为自己换取一个较为宽松的发展环境呢？在这种情况下，相信只要是脑子正常的人，都会选择后者。不过，有人遇事比较冲动，来不及思考就上去跟人争斗了。其结果无外乎两种：一是自己惨败，二是两败俱伤。相信无论是哪种结局，都不是你所乐于见到的。因此，倒不如忍一时之辱，为自己争取一个安宁的氛围，也好为将来的获胜做足准备。

萧规曹随

公元前193年，丞相萧何病逝，整个朝廷陷入一片愁云惨雾之中，只有一个人例外，他就是曹参。

曹参曾经跟随高祖白手起家，随他南征北讨。后来高祖坐上皇位，数点大家的功劳时，萧何位居功劳排行榜榜首，名列第二的就是曹参，获封平阳侯。当他听说萧何去世的消息后，便跟他的手下们说："快，快收拾行李，咱们要走了。"

手下们都很奇怪，问道："老大，您不会是因为昔日的战友过世伤心过度而精神失常了吧？"

曹参暗啐一口，道："你们懂什么？萧老头死了，这朝中上下还有谁能比我强？我这是为进京做准备，试问这普天之下，还有谁比我更适合丞相之位的？"他说这话时，信心爆棚，在场人员都不由得跟着点头附和。

那么，曹参到底说错了没？这事得问他的一帮手下，众人一致认定：老大的话果然是真理！于是，在众官员还惶惶不安的时

庙堂真相

悲惨的惠帝三父子

很多人可能会觉得，世界上最可喜的事情是做皇帝，但也有意外，皇帝如果成了傀儡，就是最悲催的事情。汉惠帝刘盈是一个生活在母亲擅权阴影下的皇帝。他在位七年，没有什么可说的业绩，死时也才二十四岁。后来吕后又先后立了惠帝的儿子前少帝刘恭和后少帝刘弘。这样，刘盈父子三人都做了皇帝，却都是傀儡皇帝。

候，曹参已经打点好行装，踏上了进京的路。

曹参的丞相之位来得很是容易，等到他坐上相位后，那小日子更是过得轻松惬意。刚一上任，他就从全国各地找来一些忠厚质朴的人才，让他们当自己的下属。这些新官，大部分人口才都算不上好，属于埋头苦干型。而他们中如果有不干实事、只追求虚名的人，曹参便将其辞退。

等到官员的调配问题解决后，曹参便开始呼朋引伴，整日跟人喝酒聊天，不理政事。有的官员看不下去，就上门来劝他。谁知曹参一见他们，便热情地上来招呼："咱们好久没见了，快进来喝一杯吧。"说着，曹参就拉着同事入席，并给他们斟酒。

那些人刚想骂他堕落，他又开始絮絮叨叨，要大家跟他干杯。众人无奈，只好陪喝。等到后来喝得起劲，大家都忘了正事，索性一醉方休。这件事很快传到惠帝耳中，小皇帝有些不开心了。

一天，他对曹参的儿子曹窋说："你老爸现在在全国的公务员中，算是官位最高的了，但是他整天跟人喝酒作乐，压根儿不干正事，这榜样做得很不好。你回家帮我悄悄问问他，就问他什么时候才能振作起来，专心于国家大事？"

社会风情

仁慈会害人

汉惠帝仁慈，知道母亲要杀异母幼弟赵王如意后，他每天都与弟弟同吃同睡，形影不离。但几个月后的一天，汉惠帝大清早出去射猎，赵王如意因年幼贪睡不能早起。出于一片兄长的深情，汉惠帝没有叫醒如意。吕后逮住这个机会，派人毒杀了赵王如意。惠帝回来，号啕大哭，后悔不已。

曹窋战战兢兢地回家后，抓住老爹就问："爹，您的丞相之位还是萧丞相举荐的，要不是他的话，说不定您现在还进不了京城呢。您是不是应该考虑做点实事，别再成天喝酒了？"

曹参一听，操起家中的板子就朝曹窋身上打去，边打边怒斥："你一个毛头小子，国家大事也是你能管的？也不看看自己有几斤几两，你现在能把侍候皇上的工作做好，你爹我就满足了，你居然还来管我，该打！"

曹窋被老爸按在地上，挨了两百个板子，才哭哭啼啼地进了宫。他一见到惠帝，就哭诉道："皇上，我老爸压根儿不听我的话，您交代的任务，我怕是完不成了。"

惠帝见状，便安慰了他几句，心中却很是奇怪，暗道莫非萧何人老了，脑子也糊涂了，居然推荐一个不做事的庸才接任？后来，惠帝便趁上朝的空当，对曹参说："丞相，您就别责怪您儿子了，他说的那些话都是我让他转达的，希望您不要再喝酒作乐了，免得影响不好。"

曹参连忙摆手道："皇上这样体恤下属，臣实在是愧不敢当啊。只是，臣有一个问题，皇上您觉得高祖皇帝跟您相比，谁更英明？"

野史秘闻

曹老二

曹参这个人，离第一名总要差一点，打仗跟着韩信走，功列第二；为政跟着萧何走，名列第二。汉朝建立后，曹参当了齐国丞相。当时天下刚刚平定，曹参把老年人、读书人都召来，询问治理之策，有一位精研黄老学说的盖公对曹参说，治理国家贵在清净无为，让百姓们自行安定。曹参于是让出自己的办公厅，让盖公住在里面。九年后，齐国大治，曹参也获得了百姓的称赞。

惠帝有些纳闷对方问这样的问题，但仍然回道：“当然是朕的老爸英明了。”曹参又问：“那您认为，臣和萧何相比，谁的才能更高呢？”惠帝看了他一眼，答道：“萧何要略胜一筹。”曹参对他行了一礼：“皇上，您的看法是没错的。高祖皇帝打下江山后，便任命萧何总领朝政，这自然是有他的道理。而萧何任职期间，明确法令，休养生息，百姓安居乐业。既然这样的话，臣除了要遵循原有的法令和制度外，难道还需要做什么吗？”

惠帝听到这里，恍然大悟，而后笑道：“爱卿的话很有道理，朕今天受教了。”

从这以后，曹参更是一直谨守萧何在高祖时期制定的法令法规，按着萧何的治国方针办事，从无偏差错乱。百姓们因为政治上的稳定而各尽其职，大家种地的种地，做生意的做生意，大汉的经济继续有条不紊地发展着。

三年之后，曹参因病去世，而“萧规曹随”这一典故也流传了下来。

向历史借智慧

不折腾也是一种态度

曹参捡了个便宜丞相做，怎么个便宜法？一、有人推荐，连国考这种事都免了；二、萧何的政策制定得太好了，他都不用改动，直接做个万人敬仰的丞相。尽管如此，便宜丞相的人气指数还是很高的，表扬的人多，批评的人少。看来，当事物遵循规律发展时，我们要做的不是画蛇添足，不要为了展示自己的存在，非搞出什么新官上任三把火，把以前的好制度给折腾坏。无为，并且在无为中把事情做好，也是一种很难得的境界。

陈平与王陵

吕后在老公死后，逐渐掌握大权。等时间一长，她就开始寻思："我一个人累死累活地管理朝政，到头来还是帮刘家人铺路。不行，这大汉的江山好歹有我的一份功劳，难道我吕家的人就不能分一杯羹了吗？"

吕后有了烦恼，当然要找人解决。找谁？找丞相。高祖死前有交代：曹参之后，由陈平和王陵共同执掌国家大事，因此这两人顺利进阶，一个当左丞相，一个当右丞相。看到这里，有人或许要问：陈平和王陵到底是谁？

说起来，这两位都是跟随高祖打过天下的人，不过他们最初都不是为高祖效力的。陈平是个一等一的大帅哥，要不是当时条件所限，他身后的粉丝没有上万也有成千。既然自己长得帅，他在挑选老婆时就分外谨慎。可惜，女人也是要挑老公的。当时，很多有钱人家的女子看他出身贫困，没房没地，便打消了跟他联姻的念头；而穷人家的女孩倒是有意于他，可惜轮到陈平看不上

庙堂真相

吕后是个好领导

吕后虽然大权独揽，但除了在协助刘邦杀功臣和整死戚夫人两件事上手段狠了点，作为一个领导来说，表现还是不错的。她对高祖死时的官员任命安排，基本上遵照，没有大的人事变动，还要求各地推举优秀农民，予以奖励，又大幅减轻赋税；允许以往逃避在山林、湖泊和迁徙他乡的农民回到家乡，并归还田宅，官吏不得因其过去有不法行为而打骂或歧视。

人家了。

陈平的哥哥一看，急了："老弟，你这么高不成低不就的，早晚得拖成一个剩男，到时候就真的不好找媳妇了。"

陈平一听，觉得也有道理，便说："那我就娶张负家的孙女吧。"张负家的孙女是谁？她可是远近闻名的克夫女，连嫁五个老公，五个老公都接连死去，所以张负家再有钱，都没人敢上门提亲了。

陈平的哥哥心道，被克总比单身强吧？于是咬咬牙，同意了弟弟的这门亲事。陈平被克了吗？显然没有。知识分子是不信这些鬼话的，他把老婆娶进门后，还因此得了张家的不少馈赠，生活水平向前跨了几大步。

后来，秦末大乱，陈平在家里待不住了，加入了反秦的阵营。他先是投靠了名不见经传的魏王，后来觉得自己的老大没前途，又转而投奔项羽。时间一长，他发现对方只是个孔武有力的家伙，根本成不了大事，于是毅然决然地再次跳槽，跳到了刘邦旗下，安安心心地开始工作，一直到汉朝建立，进而当上了左丞相。

再说王陵，王陵最开始面对刘邦时，可是个宁死不降的主儿。楚汉相争开始后，王陵的老妈被项羽扣留在了营中，以此要挟王陵。

野史秘闻

聪明人陈平

陈平是个极聪明的人，甚至聪明得让人又爱又恨。陈平年轻时，家中虽贫困，却喜欢读书，尤其喜欢黄老学说。所以，他后来做事，阴谋胜过阳谋。有一年，人们推举陈平主持祭社神，给大家分祭肉。陈平分得很均匀，父老乡亲们称赞道："陈平这孩子分肉分得真好，很称职！"陈平说："让我治理天下，我会更称职。"

王陵又气又痛，却无可奈何。谁知他老妈也是个烈性的女人，见儿子左右为难，便道："当老妈的怎么能阻碍儿子的前程呢？儿子，项羽这家伙太不厚道了，你要跟了他肯定没好结果，你还是投靠刘邦吧。"说完，她就自刎而死。

项羽见状，一时火气上涌，就让人把她给烹煮了。王陵恨得咬牙切齿，便转而投靠了刘邦，发誓要报杀母之仇。从此，他就在刘邦的手下做事，一直到他当上右丞相。

陈平、王陵两人虽然是同事，但在很多问题的处理方式上却大相径庭。高祖死后，吕后渐渐独揽大权，王陵就不开心了，三天两头地找吕后的碴儿，嚷嚷着一个女人不好好在后宫宅着，怎么一天到晚地出来争男女平等？日子一长，吕后也看他不顺眼了。

而陈平则不然，他慢慢淡出政坛，开始过花天酒地的堕落生活。有的官员看不顺眼，便去向吕后告状。吕后心知肚明，知道对方是想明哲保身，但她依然问道："丞相你天天美女在侧，左拥右抱，还不管政事，这样不太好吧？"

陈平一脸无辜地答道："太后，长得帅不是我的错，错就错在这些女人太喜欢我了。"吕后听得哈哈大笑，而陈平不务正业

社会风情

秦汉多游侠

秦汉时期，社会上有很多游侠，司马迁写《史记》，专门有"游侠列传"，可见游侠的盛行和影响力。战国田光，有勇有谋，誉为"节侠"。西汉朱博，重气持节。东汉杜季良，忧人之忧、乐人之乐。这些人都获得了好名声，且其言行能影响一时风气。

的过错也就不了了之了。

现在吕后有了烦恼，不甘心只有刘氏当王，便去找这两人征求意见。吕后先去问王陵（他是右丞相，官位比较高）：“现在朝廷蒸蒸日上，人手方面不太够用了。你想啊，这刘家的人本来就有限，总不能人人都封王拜侯吧？要不，让吕家的人占点份额？”

王陵一听，马上板起棺材脸，硬生生地回道：“不行！高祖皇帝临死前还曾杀白马，对天起誓，说永远不封刘氏之外的人为王。太后，难道你要违背你老公的意思吗？”

吕后顿时面红耳赤，心道我就是真的要违背，你也不用说得这么直白吧？太不给我面子了。她在王陵这儿碰了壁，便转而去问陈平：“我想封吕家的人为王，你觉得怎么样？”

陈平心念一转，便笑道：“挺好的，这天下也有吕家人的一份功劳，理应占一定份额嘛。太后您虽然上了年纪，但还在不辞辛劳地帮老公打理事业，不得点报酬怎么说得过去呢？”

吕后很满意，便和颜悦色地回道：“丞相真是有远见，放心吧，今后有机会一定提拔你。”后来，王陵被罢黜丞相之位，只好提前病退，回家养老了。而陈平却因为顺应时势，升为了右丞相。

向历史借智慧

识时务者为俊杰

生活当中，不可能事事尽如人意。我们在身处逆境时，有奋起反抗的想法固然勇气可嘉，但当自己的能力有限、无法改变现状时，掩藏锋芒或许也不失为良策。英雄是值得称颂的，但他往往是最先倒下的人，而夺取天下、赢得最终胜利的，又有几个称得上英雄呢？这些人大多顺应时势而生，懂得收敛锋芒，直到把握住机遇后，才奋起反击。

诛诸吕

陈平当上右丞相后，虽然表面上仍然嬉笑怒骂，内心却越来越郁闷了。有个细心的同事发现他闷闷不乐后，便问道："您现在都当上右丞相了，公务员里边，您算老大，再加上成天左拥右抱的，事业爱情双丰收，您还有啥好郁闷的？"

陈平很是哀怨地看看对方，也不说话，只是唉声叹气。同事又问他："这年头吕家当权，看这情况，丞相的心中恐怕还是向着刘家的吧？"

陈平这才眼泪汪汪地答道："还是你了解我，只是现在吕家的人在朝中势大，我就算计谋百出也无可奈何。"

那同事便笑道："您是当局者迷，我看刘家要夺回权位，成功概率还是很高的。您现在身居右丞相，算得上是总领朝政的大官了，百官再怎么放肆也会敬您三分的。如果您想帮助刘家争权的话，现在只差个总领兵权的人，就是太尉周勃。如果你们政见相同，到时候双剑合璧，还有啥好担心的？"

庙堂真相

小心眼的刘邦

刘邦年轻时去嫂嫂家蹭饭，嫂嫂敲着锅说："没有啦，没有啦。"意思是不想给刘邦弄吃的。刘邦小心眼，当时想，好，这事我记着。后来刘邦当皇帝后，大封宗族，唯独不封嫂嫂家儿子刘信，他嫂嫂闹，刘邦不得已封了刘信一个"羹颉侯"，就是锅里没东西的侯爷。再把一座鸟不拉屎的荒山取为名"羹颉山"，得，这就是你的封邑。

陈平哈哈一笑，恍然大悟。后来周勃过生日，陈平去参加宴会的时候，就向对方透露自己想和他联手共同对付吕氏的信息。周勃听后，很是激动地握着他的手说：“兄弟，咱总算找着战友了，从今以后我们便一致对外，铲除吕氏，匡扶刘家。”之后，他俩就在朝中暗暗拉拢官员，开始策划夺权。

公元前180年，手握重权的吕后卧病在床，眼看就要不行了。她把吕禄、吕产叫到身边，交代道：“我老公死之前，曾经和很多人定下白马之盟，约定如果有刘氏以外的人封王的话，天下人要共同诛杀他。现在咱们吕家有很多人都封了王，众人都对此怨恨不已。我一旦死了，你们就危险了。如果你们想要保命的话，就一定要紧握兵权，不要擅自离开皇宫为我送葬，等到局势稳定了才好图谋。”

没多久，六十二岁的吕后病逝，汉朝进入政权交替的时期。当时，吕禄为赵王，吕产为梁王，他们手握京城的全部兵力，成天宅在皇宫里，就连吕后出殡也不送行。陈平和周勃等人着急了，现在本来是夺权的最好时机，可是吕家那边不仅不出门，还派上重兵把守，这让咱们怎么夺？

野史秘闻

吕氏的远房亲戚

吕氏势力膨胀后，便偷偷制造舆论，准备接手汉室江山。这舆论就是说，秦始皇其实是吕不韦的儿子，所以秦始皇应该姓吕，秦朝也应该姓吕。背后的逻辑就是，这江山本来就是姓吕的人的，我们吕家是秦始皇的远亲，现在拿回来，有什么不可以呢？

吕家不出头，刘家的人却坐不住了，首先跳出来的是朱虚侯刘章。他的勇猛无畏在吕家那里是出了名的。有一次，吕后邀请刘、吕两家的人参加宴会，美其名曰联络感情。刘章在席上很不给面子，先是唱了首歌，影射自己将来要铲除吕家的人；后来，吕家有个人擅自离席，他更是二话不说，提剑上前，一剑将人斩杀，还朗声道："这家伙未经太后允许，就擅自逃离，该杀！"在场的吕家人都被吓坏了，就连吕后都半天没回过神来。

这次刘家夺权，刘章第一个冒出来，他找到自己的哥哥——齐王刘襄，对他说："我现在在京城里，你只要在外面登高一呼，我就给你做内应，到时我们兄弟二人联手，难道还除不了吕家那帮家伙？事成之后，弟弟我就助你登上帝位。"

刘襄欣然赞同，召集了手下的军队，拉开了反吕大旗。吕禄、吕产那边听说后，不由得慌张起来，都商量着要去平反。可是吕后死前有交代，让他们藏在宫里，不能出去。于是，他们就派一个叫灌婴的将军去平乱。

灌婴领了军队，刚一出城门，心想："这俩大傻子，俺可是刘家的臣子，现在没反过来除掉你们就算不错了，怎么可能还帮

庙堂真相

郦寄卖友

这场宫廷政变的关键人物是郦寄，郦寄的伯父是有名的郦食其。郦寄利用同吕禄的友情，为巩固刘氏江山立下了汗马功劳，却也被人误解，落下了卖友求荣的千古骂名。其实，郦寄是陈平、周勃预先安插在吕禄身边的卧底。后来，郦寄还在平定"七国之乱"中立了大功。后来他因得罪了汉景帝，被废爵位。

你们打自家人！”他带着大军，不去平乱，反而找了个地方驻扎下来，坐山观虎斗。

吕产、吕禄快要气死了，在宫里急得团团转。身在京城里的陈平和周勃也没闲着，三天两头便聚在一起商量对策，最后，他们一致决定派出郦寄去当说客，说服吕家兄弟搬出皇宫。

有人问了：郦寄是谁？他是个官二代，跟吕禄的关系很好，两人算得上是铁哥们儿。陈平等人把郦寄的老爸囚禁起来，郦寄很是愤怒，叫道：“你们这是绑架，赤裸裸的绑架！”

陈平和周勃笑着威胁说：“绑架怎么了？如果你不去说服吕禄交出兵权的话，你就永远别想见到你老爸了。”

郦寄很听话。他见到吕禄后，便道：“你其实不用恐慌，虽然高祖在世的时候曾说过只能让刘家的人做王，但你想想，你在封王的时候，不仅郦寄同意，朝中的大臣们也没有反对意见，看来他们并没有那么排斥。但现在太后去世，你们却挟持着小皇帝，掌控着京城的兵权，而不回自己的封地上去，大家就是因为这点才忌恨你们的。”

吕禄开始还半信半疑，后来郦寄说得多了，他就问道：“那

社会风情

问斩为何要秋后

古代，朝廷处置死刑犯，往往都规定要在秋冬进行。理论来源即是西汉大儒董仲舒的“天人感应”说。这种学说认为，天有“四时”，即春夏秋冬；王有“四政”，即庆赏刑罚，四政与四时要相应。另外，秋属金，主肃杀。也有一说是秋天阳气最盛，人的影子最短，这个时节处置死刑，可以通过旺盛的阳气来冲淡杀人的阴气。

你觉得我应该怎么办？”

郦寄便答道：“趁现在朝中的官员还隐忍不发，你先把自己手上一半的兵权交出来，赶紧回自己的封地去，兴许还能保住性命。要是等他们集结起来，你恐怕连在宫里宅一辈子的愿望都实现不了了。”

吕禄仍然有些犹豫，但转念一想：眼前这人可是自己的好哥们儿，难不成还会害自己？后来，他便交出兵权，匆匆赶回封地去了。

周勃一拿到兵权，便来到军营中，说：“现在朝中吕氏当权，眼看高祖打下的江山就要保不住了。我现在想要声讨他们，你们当中有人愿意拥戴刘氏子孙的就露出左臂，拥戴吕氏子孙的就露出右臂，我周勃绝对不为难他！”他话音刚落，军中的士兵都纷纷露出左臂，高呼着要声讨吕氏。

周勃很满意，在顺利接管军营后，便直奔主题，要人家跟着他去把吕产给消灭掉。此时的吕产还不知道吕禄半道落跑的事，仍咋咋呼呼：“现在进宫去挟持小皇帝，发动叛乱，或许这皇权就能彻底落在我吕家手上了。”

庙堂真相

善待他人也是一种能力

秦法苛暴，关中百姓深以为苦，刘邦去了后，废除一切法律，只约法三章：杀人者死，伤人及盗抵罪。老百姓非常高兴，纷纷献上牛、羊、酒食。刘邦不接受，并且说：“秦朝粮库的粮食还很多，士兵们饿不着。不麻烦乡亲们啦，东西你们就拿回去吧！”民众一听更加高兴，都希望刘邦留下来做秦王。

他带着将士们奔向皇宫，一腔热血还没迸发出来，就被挡在了门外。原来，周勃他们早料到吕产有此一招，早安排好了士兵们守门，谁都不准放行。吕产在门外很惆怅，一时间进退两难。就在这时，刘章正巧奉了周勃的命，要进宫保护皇上。

他见到吕产彷徨失措的模样后，冷笑道："正好，趁你还没回过神，我今天就把你解决了。"说着，他就拔剑出鞘，一声大喝，身后的士兵们都跟着他一拥上前。

吕产慌了手脚，在乱阵中逃窜，刘章带着将士们将吕产的手下杀得片甲不留后，便命人搜查吕产的行踪。最后，大家在一个官员家的茅房中找到了他。刘章二话不说，举刀就将他斩杀。

刘章在这次夺权中立下大功，周勃对他很是赞赏，并说道："吕产死后，吕家就没什么可惧怕的了。咱们趁机夺取大权，重新让刘氏子孙掌权吧。"

公元前180年，吕氏族人被一一处决后，大家迎代王刘恒回京，让他登基为帝，史称汉文帝。

向历史借智慧

这不过是个开始

追名逐利，问鼎皇权，这恐怕是大汉朝的外戚们最热衷的一项运动了。其实夺权这档子事，本就没有谁对谁错。高祖最初也不过是平民出身，离"皇室"两字实在太远；而曾身为皇室子孙的嬴氏，不也一样丢了天下吗？既然皇位这玩意儿是人人都可以去尝试坐坐的，那么离皇位最近的外戚们，如果不去想，倒是很奇怪的事了。吕氏作为汉朝的第一个外戚家族，开了先例，而后来者前仆后继，开始了轰轰烈烈的争权运动。

汉文帝搞周勃

汉文帝之所以能登上皇位，一是因为他在刘邦剩下的儿子中年龄最大，二是因为他老妈薄姬家中人丁单薄，外戚专政的可能性微乎其微。大臣们深受吕氏篡权多年的危害，心理阴影挥之不去，所以经多番调查后，总算找着了刘恒这个最符合条件的刘氏子孙。

文帝很幸运，没经历风雨就轻轻松松地登上了皇位，只是当了皇帝的他可没有想象中那么开心。你想想，这朝中的大臣们很多都是有功劳的，再加上刘家有这么多封王拜侯的，随便拉一个出来，都比当年的代王刘恒要强。

现在虽然有了皇帝，但在朝中做事的官员，仍不乏我行我素的人，根本不把他放在眼里。文帝表面看上去温文尔雅，可实际上也不是一个善茬。他见这种形势很不利于自己，便在心中暗暗盘算："这帮家伙仗着朕在朝中没人，都不把朕的话当回事。等着吧，朕早晚杀鸡给猴看，让你们从此不敢嚣张。"

文帝为了要找替死鬼，可是煞费了一番苦心。当时，身居右

庙堂真相

罪妇之子汉文帝

历史就是这么反复、不定、偶然、有趣。文帝老娘薄姬原是秦末魏王豹的小妾。在楚汉战争初期，魏王豹被韩信、曹参打败，薄姬也成了俘虏，被送入织室织布。这时，高祖的风流本性又一次改变了历史，他看上了薄姬，公元前203年薄姬生下刘恒。前196年，封刘恒为代王。前180年，在高祖逝世十六年后，曾经的罪妇之子刘恒入主未央宫，继承了他的大统。从此，西汉天下变成了薄姬子孙的天下。

丞相之位的已经是周勃，现在的他可算是文帝得以登基、刘家江山得以稳定的首屈一指的大功臣了。功臣的待遇自然跟一般人不一样，他不仅当了文武百官的老大，就连文帝也对他礼让三分，还大加封赏，又是送房子又是送黄金，周勃对此很是满足。周勃并不知道，文帝老早就瞄上他了。这不，有一天上朝的时候，问题就来了。文帝先拉着他问道："你是咱们大汉的丞相，那你知道全国现在的钱粮有多少吗？"

周勃愣在当场，半天都答不出。怎么办？总不能说自己"没看书没复习"吧？他支支吾吾，许久才回道："请皇上恕罪，臣不知。"

"什么？你居然不知道？"文帝显得有些惊讶，又问道，"那你知道咱们去年一共审理了多少犯人吗？"

此刻的周勃恨不能躲到墙角画圈圈，心里早就哀号不已，但他依然强撑着面子回道："皇上恕罪，臣还是不知。"

文帝长长地叹了口气，缓缓道："不知道就算了，你退下吧。"话语中难掩失望，听得周勃心惊肉跳。

等到下朝后，他便去找陈平诉苦："老哥，我今天太惨了，皇上考察业务来着，可是我一个问题都答不上来，会不会被炒鱿

名臣风骨

周勃质朴

周勃为人质朴刚强、老实敦厚，高祖评价他是"厚重少文"，认为可以委任他大事。周勃和高祖一样，不喜好文学、儒士，每次接见儒生和游说之士，他都面向东坐着而责令他们说："有什么事，赶快对我说吧。"

鱼呀？”

陈平便问他文帝问了哪些问题，他一一作答。陈平听后，笑道：“我们在朝为官，都讲究各司其职。丞相的职责是管理好国家的官员，而皇上的这些问题都不是针对你的，丞相答不出来有什么关系？只有相关部门的官员答不出来才是犯错。”

周勃这才恍然大悟，叹道：“我虽然当了右丞相，但还是不如你。”之后，他便主动请辞，要求文帝把陈平升为右丞相。文帝见他还算识时务，就欣然应允了。

陈平重新坐上右丞相之位没多久便去世了。文帝心想，反正周勃也是个识时务的，要不还是让他接着做丞相吧。一纸命令下达，周勃战战兢兢地重新回到了老位子上。周勃其实挺郁闷的，他知道自己的功劳太大，本来就有抢皇帝风头的嫌疑，现在居然“一而再，再而三”地当丞相，这不明摆着要当靶子吗？

果然，十个多月后，文帝又开始发牢骚了：“唉，最近京城里人满为患，地价、物价都飙升。朕为了安定团结，就下达了一个命令，准备让那些封了侯的官员回到自己的领地，可是为什么到现在，还没有一个人动身呢？”

野史秘闻

女人有见识

吕太后死后，大臣们想把权力从吕家人手里夺过来，郦寄跟吕家掌权的吕禄是好朋友，便被派去当说客，骗吕禄把兵权交出来。吕禄答应了，将兵权交给太尉周勃，之后，吕禄到姑姑吕媭（吕后妹）家做客。吕媭气愤地对吕禄说：“你将兵权交出去，我们吕家就死无葬身之地了。还不如把这些珍宝分给奴仆，省得为人家守财！”一边说，一边将家里的珠玉宝器抛撒在地。

周勃刚要宽慰几句，文帝又抢先说了：“对了，朕记得，丞相你也是封了侯的吧？”

文帝冷不丁的一句问话，又把老实人周勃吓住了，他当场就跪下发誓：“皇上放心，臣一定尽快离开！”几天后，周勃的丞相之职又被撤除，而他也打包好行李，带着家眷前往封地去了。

然而，事情并没就此了结。回到封地的周勃依然每天都战战兢兢地过日子，时间一长，他的精神越发紧绷，再加上那时没有心理医生疏导，他的被害倾向就日益严重了。平时没事的时候，他经常身披铠甲，还让家丁护卫时刻跟随。如果要出门见其他官员的时候，他更是召集人马，让士兵们带上武器，再三强调不能离开自己半步。

周勃很紧张，官员们也不安起来了，都私下议论，说这侯爷怎么不管是上厕所还是吃饭睡觉，都不离兵器呢？该不会是有造反之心了吧？俗话说得好，“好事不出门，恶事传千里”，文帝很快也知道了这件事。他可没工夫研究周勃的心理问题，而是直接把对方给怀疑上了。

文帝一声令下，周勃就被五花大绑地抓回了长安城。他心中

野史秘闻

穷人家的孩子真命大

汉文帝的皇后窦氏出身民间，弟弟窦广国四五岁的时候，因为家里贫困无人照看，被当地的人贩子所拐卖。中间转手了十多家，最终被卖到了宜阳。主人命令他到山里伐木烧炭，也就是当黑矿工，某天，工作一天后，广国与其他烧炭的人，一起睡在悬崖边。半夜悬崖崩塌，除了窦广国，其他的人全部被砸死。

苦，有口难言。他明明是担心皇帝加害自己，才昼夜防范，现在被人抓住审问，难不成要说实话？不说别的，文帝只要高呼一声“周勃这厮陷害我，毁我名声”，那他还能有活路吗？

周勃有口难辩，在狱中的日子也很不好过。狱卒们看他失势，都不拿他当回事，闲着没事时，不是羞辱他就是拿他当笑料。被逼无奈的周勃终于想到了拿钱收买狱卒，他出手很是大方，当千两黄金摆在狱卒面前时，对方笑逐颜开，忙在木板上给他提示：“周勃你可真傻，你儿子不是驸马吗？可以去找公主帮忙啊。”

于是，公主出马请来了太后。薄太后就去对自己的儿子说：“皇儿，你就别再欺负老实人了。你想想，人家周勃要是有心造反的话，还用大老远地把你从代国迎进皇宫吗？”

文帝见老妈开口了，也不好违逆，只好答道：“造反这事的确是子虚乌有，朕马上就让人把周勃放了。”

周勃终于得以出狱，深感自己犹如再生，不由得叹道：“我曾经以为率领千军万马就是厉害的了，直到今天才知道，原来一个小小的狱卒也有比我强的地方啊！”

向历史借智慧

做自己擅长的事情

周勃的故事，并不是说明老实人就吃亏，周勃吃亏在于他坐错了位置，明明是一个好将军，却坐到了总理的位置上。要知道，不同的职位对于任职者的要求不同，一个冲锋陷阵、销售工作做得顶呱呱的人，被安排坐在人力资源总监或者行政总监的位置上，难免要出笑话。周勃最适合做的是国防部长，像丞相这种活，机智的陈平做着才合适。但周勃自己没认识到这一点，所以一被领导批评就心里打鼓；文帝也没认识到这一点，所以对这个不称职的丞相越看越不顺眼。

不问苍生问鬼神

文帝刚刚登基时，为了治理好国家，便要官员们四处发掘人才。当时，一个从河南调来的官员说："皇上，臣这儿有个不错的人选，叫贾谊。他从小就博古通今，绝对是天才型的，再加上臣的教诲，'治国良才'这四个字绝对当之无愧。"

说到贾谊，此人出生在河南洛阳，从小就聪明好学，在十几岁的时候已经颇负盛名了。文帝见有官员极力推荐，便将其召进宫中，让他当一个政事方面的顾问。说白了，这个职位相当于一份闲差，因为文帝只有空闲下来的时候，才会召集众人一块儿讨论问题。

不过，是金子总会发光的，贾谊当顾问当得有声有色。有好几次，文帝在提出问题后，在场的很多老同事都想不到解决办法，大家支支吾吾。每当这时，贾谊就会站出来，力陈事情的利害，分析得头头是道，让文帝赞赏不已。

时间一长，文帝就准备给他升职，并说："贾谊这小子虽然

庙堂真相

诸侯王坐大

文帝上台后，又分封了一批诸侯王。这样，一边封王，一边无为政治，诸侯王开始坐大。公元前 177 年，济北王刘兴居叛乱，首开王国武装反抗中央的先例。文帝派兵镇压，叛军顷刻瓦解，刘兴居被俘后自杀。又过了三年，淮南王刘长又举起了叛旗。但尚未行动，即被朝廷发觉。文帝派人传讯刘长入京，罢去他的封号，将他发配蜀郡。刘长途中绝食而死。

只有二十一岁，但很有想法，是个治国的能才，可以大用。”后来，他就被提拔进了中央的决策层。

贾谊在仕途上算得上是平步青云，年纪轻轻便当上了高级干部。可惜，树大招风，周围的官员看着这个新上任的小子，都暗中嗤道：“哼，不过是个乳臭未干的家伙，咱们这些人可是跟着高祖打过江山的，你算老几？有没有真材实料还有待考察呢。”

尽管很多官员对他不满，但还是采取观望态度，毕竟皇上没事提拔一两个人，于他们而言没什么大碍。然而，等到贾谊的一系列政治主张出台后，众人就淡定不了了。

你想啊，他年纪轻轻就进入中央，兴奋之情自然溢于言表。除此之外，他更是胸怀远大的政治抱负，想要针对当时的国内形势进行一番改革。官员们一听要改革，心里都打了个冷战：这小子也太不识时务了，也不怕跟商鞅一样，最后死无全尸？

贾谊可不管这么多，他给文帝提出了很多改革措施，比如要重新制定礼乐制度，废弃秦朝旧有的传统；重农抑商，还提出要让有封地的王侯迁出长安城。贾谊的主张损害了很多人的利益，官员们不开心了，三天两头地到文帝面前去闹。

名臣风骨

第一政论家贾谊

贾谊的思想属于儒家思想，他提出的“行仁义，法先圣，制礼仪，别尊卑”的主张，在当时以黄老之学为主的氛围里，自然不符合主流。他从儒家立场出发，看到的一系列问题，都写在《治安策》的开头：我看天下的形势，“可为痛哭者一，可为流涕者二，可为长太息者六”，其他违背法理的事就更多了，难以一一列举——贾谊看什么事都不顺眼，根本就是一个大愤青！

有的就说："贾谊那小子年纪轻，不仅不知道谦虚，还恃才傲物。皇上，他天天在你这儿吹耳边风，说了一大堆治理国家的举措。真要实施起来都是动摇国家根本的，这哪里是在治理，分明就是要毁了大汉嘛。"

文帝在这事上本来就没定见，听大家这么一说，也开始游移不定了。宠臣邓通一见，更是鼓足勇气向文帝说贾谊的坏话。时间一长，文帝便说："行了，既然大家都这么不喜欢贾谊，那朕就不用他了。"话一出口，众官员长舒了口气。文帝就把贾谊轰到长沙去了，让他去给长沙王当老师。

贾谊的政治抱负就此付诸东流，在当老师期间，他心中郁结难消，就连去湘江游玩都颇多感慨。当时，他因为想到战国时的屈原，觉得对方跟自己一样都是不得重用，便专门写了一篇叫《吊屈原赋》的文章。在文中他发牢骚说："实在是我生不逢时，无能之辈居然在周围横行，那些善于逢迎拍马的人得以显贵，而真正的人才却屈居人后，贤德的人也不得不寄人篱下……"

尽管贾谊很悲伤，但他还是没有放弃心中的抱负。他隔三岔五地会给文帝提提意见，说说自己在国事上的看法。也多亏这样，

庙堂真相

地域黑

西汉贾谊以超人的才学得到汉文帝的重用，一些老臣对贾谊真是羡慕嫉妒恨，就在汉文帝面前总说贾谊的坏话，汉文帝总是不听。后来，有人搞地域攻击，说贾谊是洛阳人，洛阳人在西汉初年以出油嘴滑舌（纵横士）之辈不受人待见。结果，汉文帝真信了，贾谊就被排挤出了中央。

日理万机的文帝一直没忘了他。三年后，文帝便把他重新召回了长安。

贾谊很开心，刚一回京就赶去见皇帝，等到进了宫，才发现文帝刚刚参加完祭祀。文帝看见他后便招呼道："小贾，咱好久没见了，朕有很多问题想请教你。"

贾谊一听，高兴极了，便道："皇上有啥问题尽管问，臣一定知无不言，言无不尽。"想想也是，他离开长安三年，皇上居然还没忘记他当顾问的本领，可见今后要得到重用，也并非不可能。

文帝拉着他道："朕刚好祭祀完，既然你同意的话，那就一块儿讨论讨论鬼神方面的事情吧。"

贾谊愣了一下，心中无比失望。敢情他大老远地跑回来，不能和皇上讲政事，谈经济，却只能瞎侃鬼神？贾谊又郁闷了，但谁叫对面站着的是九五之尊呢，他只好硬着头皮，有问必答。文帝见对方就连说鬼神，口才都能这么好，更加来了兴致，硬拉着他一直聊到深夜。

之后，文帝又一次赞道："贾谊这家伙真的是博学多才，就连鬼神这方面也了解得这么透彻，朕在这方面还真不如他。"贾

名臣风骨

升官要按制度来

汉文帝到上林苑游玩，其间询问上林尉园内动物的情况。上林尉支支吾吾，什么也不知道。此时，一名小吏，在旁边口若悬河地回答了问题。汉文帝说："管事的不应该是这样吗？上林尉太差劲了！"于是，派大臣张释之任命那名小吏为上林令。但张释之认为，安排官职要按制度来，要汉文帝三思而行。文帝觉得有理，便接受了。

谊知道后，又开始期盼：没准这次能通过鬼神之说成功进阶……

然而，他的仕途至此便黯淡下来了。后来，文帝又给了他一份工作，让他留在长安教导梁怀王。贾谊心中明白，自己这辈子在当官的道路上是顺利不起来了，但他依然关心国家大事，经常写奏折，为文帝分析国内外的局势，阐述国家以后的方针政策。

可惜老师这个职业跟他犯冲，他当梁怀王的老师没多久，梁怀王就坠马而死了。贾谊深觉这件事有自己的责任，感到非常内疚，再想到自身在事业上的诸多不顺，就此患上了抑郁症。公元前 168 年，三十三岁的他忧郁而死。

向历史借智慧

怀才不遇是常态

知识分子最郁闷的是什么？大概就是怀才不遇了吧。任你身怀治国长才，腹有万卷书，如果没有遇到伯乐的话，这些本领就只能换来两个字——白学。难怪韩愈老先生要感叹“千里马常有，而伯乐不常有”了。由此看来，千里马毕竟还是要好做些的，至于伯乐，那还真的是稀有品种了。

邓通吮痈舐痔

古时候科学不发达，人们便免不了有迷信的时候，就算皇帝也不例外。有天晚上，文帝做了个奇怪的梦。梦中，他想要登天，却不管怎么努力都只差一步。就在这时，突然有人在背后推了他一把，文帝才得以顺利地一步登天了。出于感激，他便回头看了那人一眼。

等到文帝醒来，那人的模样虽然记不太清了，不过衣着打扮倒是印象深刻。说来也巧，白天的时候他在未央宫闲逛，无意中发现了宫中有一个男人居然跟梦中那人的穿衣打扮一模一样。这可把文帝乐坏了，连忙让人把男子带上前，并问对方叫什么名字。

那男子恭敬地回道："小人姓邓名通。"文帝听后，暗地里琢磨，昨晚自己登天顺利，不就称为"登通"吗？邓通邓通，不是跟这两个字谐音吗？文帝一拍大腿："这家伙肯定是朕的福星，一定要把他留在身边。"从那以后，邓通便渐渐成了文帝身边的大红人。

邓通虽然小时候没读多少书，但在逢迎谄媚方面可是一等一

庙堂真相

文景之治

文帝和他的儿子景帝一道努力，创造了我国封建社会的第一个治世：文景之治。其政策归纳起来不外乎"轻徭薄赋""与民休息"，另外还有厉行节约。其中还有一个措施，类似今天的积极财政政策：通过"贵粟"（提高粮食价格，对能够提供粮食者实行奖励），提高农民收入来吸引农民重视农业生产。

的好手。文帝虽然是个难得的贤君，但面对一个整天对自己大加吹捧的人，时间一长，也开始把持不住了。邓通见老板的心情越来越舒畅，更是暗自握拳："哥只要再加把劲，以后要啥有啥。"

邓通的机会很快来了。一次，文帝长了痔疮，躺在床上，痛苦不堪，一堆御医又是把脉又是开药，就是不见好。文帝心中又急又气，本来就已经很严重的痔疮就更折磨人了。邓通在一旁见了，心里也着急了：皇上心情不好，自己就算有一张再巧的嘴，恐怕也无用武之地了。

文帝在床上叫苦连天，后来竟难受地晕了过去。邓通一闭眼，一咬牙，暗道："今天豁出去了，舍不得孩子套不着狼！"之后，他就直接扑到文帝身上，张嘴把对方痔疮处的脓血给吸出来了。

万事开头难，他在克服最初的心理障碍后，后面再吸脓疮就变得轻松多了。那边昏昏沉沉的文帝也醒过来，看见邓通在给自己吸脓疮，当即感动得满眼含泪，心中叹道："这情景真是让朕想哭！"你别说，邓通的疗法还蛮管用的，这之后，文帝的痔疮就好了。

一天，文帝拉着他问道："你觉得这天底下最爱我的人应该

社会风情

拆散女儿婚姻的强悍老妈

汉景帝王皇后的母亲臧儿，是已故燕王臧荼的孙女。臧儿先嫁与王仲，生一男两女，大女儿就是后来的王皇后。但一开始，臧儿是将大女儿（王皇后）嫁给了一个叫金王孙的人，并生育了一女。后来臧儿算了一卦，说自己的两个女儿都是富贵相。于是，臧儿将大女儿从金家夺了回来，和小女儿打包，一起送进太子刘启（汉景帝）宫中。

是谁？”

邓通本来在心中嘀咕：痔疮都帮你吸了，除了我还能有谁？想是这样想，可表面上还是要玩玩谦虚，于是他回道：“太子是您的骨肉至亲，他自然是最爱你的人了。”

文帝点点头，便没再多说什么了。过了几天，他就把太子叫来说：“朕的痔疮还没好，听说如果有人能帮着吸掉脓血的话，疮就能好得快些。”

太子一听，为难了。他想：咱虽然还没当上皇上，但好歹也是众星捧月，别说给人吸屁股上的痔疮了，就是下人们都不敢在自己面前放屁。他皱着眉，边对自己进行心理建设，边缓缓靠近老爸。等到他看清楚老爸身上的痔疮后，终于忍不住开始干呕起来。

文帝很没面子，当时就怒气冲天：“亏你还是朕的亲生儿子呢，居然不如一个邓通！出去吧。”太子被文帝吓得一个激灵，慌慌张张地退出去了。从这以后，邓通在文帝心目中的地位更是非同一般。

有一次，文帝把算命先生找来，要为邓通算命。那算命先生一看邓通，便惋惜地摇摇头：“这人没戏了，不管怎么辛苦忙活，

社会风情

预言的坏事一定会发生

西方有个“俄狄浦斯效应”：巫师说这孩子将来会弑父娶母，俄狄浦斯的父亲一激动，就把俄狄浦斯扔在野外了。孩子长大后，果然在不知情的情况下，弑父娶母。算命先生说邓通会饿死的故事，也类似。坏事为什么会发生呢？其实，不是预言有多准，而是很多人不自觉地跟着预言在走，越想避开坏事，就越中了预言的圈套。

最后都得活活饿死。”邓通嘴一撇，脸一拉，红着眼道：“皇上啊，咱伺候您这么久了，好歹要让我在死的时候吃饱了上路。”

文帝连忙点头，许诺道：“你放心吧，朕现在就给你几座铜山，你可以随意地开采、铸钱，朕一定让你登上大汉富豪排行榜的首位。”邓通开开心心地接过这个封赏后，便让自己的家人同去采矿。而他为了炫耀皇上对自己的重视，还专门告诉家人，做出来的钱币一定不能偷工减料，尤其不能有山寨货。

他家生产的钱币精工细作，且不吝惜成本，获得了大家的一致好评。也正因为这样，市场中流通的货币过多，致使经济方面出现了紊乱。后来，文帝过世，曾经的太子上台做了皇帝，邓通悲惨的下半生就此开始。

当时，景帝已经看邓通不顺眼很久了，背地里没少骂过他：居然敢跟自己在老爸面前争表现，简直就是找死。景帝上台，立马把他的官职削去，没收了他的财产（包括铸钱的铜山），曾经富甲天下的邓通变得穷困潦倒。他落魄之后身无分文，最后竟然真的活活饿死了。

向历史借智慧

问自己的付出是否值得

俗话说，舍不得孩子套不着狼，要想有高回报，就得对自己狠一点。但有些时候我们也应该问自己一个问题，有些付出是否值得，比如邓通为了讨好领导做出吸疮舔痔的举动，再比如历史上有些人为了拍马屁而做出尝粪便的举动。富贵诚可贵，但如果要牺牲尊严才能得到，这付出是否还值得？

七国之乱

公元前 157 年，汉文帝的儿子刘启即位，史称汉景帝。景帝跟他老爸齐名，可说是西汉初期的贤君。别看他当上皇帝后是贤君，可小时候却是个暴脾气。

有一次，吴王刘濞的儿子来长安觐见，跟刘启一块儿下棋。他俩从小都是被人捧在手心里长大的，特别要强，就是下棋也非要分出个输赢来。两人没下多久，便开始你一言我一语地争吵起来。刘启看见对方不可一世的模样，不由得怒火中烧，心道：我以后可是九五之尊，哪能容你一个王爷的小儿子在我面前耀武扬威？想到这儿，他二话不说就操起棋盘，往吴王世子头上狠狠敲去。这一砸，可说是拼尽了九牛二虎之力，世子当场倒地，就再也没爬起来。

文帝吓坏了，吴王怒了。当世子的棺材被送回吴国时，刘濞悲愤交加："这天下哪儿都是刘家的地方，葬哪儿都一样，干吗还专门抬这儿来？"说完，他就让抬棺的人重新把自己儿子的尸

庙堂真相

刘邦种下的苦果，刘启来吃

景帝刘启最大的这次政治危机，源于祖上刘邦种下的苦果。高祖大封同姓王，本来目的是要保卫刘家的江山，不料几代之后，刘家的江山乱在了刘家自己人的手上。七国之乱中，楚王刘戊是第三代楚王；赵王刘遂是刘友的儿子，在惠帝时由淮阳王转封为赵王；齐王的土地在文帝时被一分为六，济南王刘辟光、菑川王刘贤、胶西王刘昂、胶东王刘雄渠皆刘肥之子。七王中刘濞是景帝叔父，其他同辈。

体抬回长安，让文帝安葬。

刘濞很嚣张，从这以后每到要进长安朝拜时，他要么就写病假条，要么就直接让人带个口信，说卧病在床，其实就是不想去。文帝为此很烦恼，但有什么办法呢，谁叫自己的儿子犯了杀人罪，理亏在先？为了赎罪，他还常赏赐东西给刘濞，并说："吴王今后不用请假也可以不来，在家好好休息，颐养天年才最重要。"

刘濞接到命令后，更加目中无人，在自己的领地上任意地开铜矿，铸钱，贩盐，开拓市场。几年之后，当地人民的生活水平得到了大幅提高，都很拥戴他。他见自己的实力和人气指数都上了一个大台阶，儿子的惨死也淡忘了，只觉得这辈子如果只待在吴国这个地方，简直就是浪费才能。

等到景帝上台，他可学不来老爸的淡定隐忍。当时，汉朝分封的诸王都在自己的封地上大力开展事业，干得热火朝天。景帝着急了，暗道："本来俺爷爷的江山就是抢来的，子孙后代安分守己的基因恐怕很少，照这势头发展下去，这帮家伙早晚都得把我这个正主儿轰下台。"

景帝这边正着急呢，一个叫晁错的官员又上来添了把火，劝

社会风情

"我爸是皇上"

国家在制定法律时，最爱挂在嘴边的口头禅就是："法律面前人人平等。"可一旦落到实处，种种不公平现象就会层出不穷。如果你是特权阶层，如果你有足够多的金钱和足够大的权力，那么在法律面前，或许更应该遵循"得饶人处且饶人"。景帝小时候杀了人，也敢高喊一声："谁怕谁呀？我爸是皇上！"这句话导致后来吴王义无反顾地发动叛乱。

道："皇上啊，现在这些刘姓王渐渐坐大，到时候人心不足，恐怕仅仅一个王位无法满足他们了。难道皇上要拿自己的位子跟他们做赌注吗？"

景帝连忙抓住晁错的手，说："朕总算找着一个能说体己话的人了，但他们人多势众，朕现在虽然是皇上，但也有力所不能及的地方啊。"

晁错便给他出主意，让他把各个诸侯王的封地收归国有。景帝听后有些犹豫，晁错便继续劝道："这些诸侯王越来越嚣张，尤其是吴王刘濞，这么多年都没来长安探望一下。照此发展下去的话，皇上，其实不管你收不收回封地，他们都会造反的。"

景帝一拍大腿："好，就听你的，收回封地！"于是，公元前 154 年，景帝的诏书送到了楚王戊、赵王遂和胶西王的手中。诏书上无非就是写着几个诸侯王犯了卖官等罪，景帝顾及他们的面子，就不多加惩罚了，只是要没收他们手中的一点土地，意思一下。

诸侯们不高兴了，乍看上去，皇上削点儿地好像也没什么不对的，况且自己的确犯了错，因此众人只好隐忍下来。景帝见大

野史秘闻

命好的女人

王皇后进宫前生的一个女儿，一直流落在民间，后来王皇后的儿子汉武帝登基后，知道自己还有这么一个姐姐，赶紧亲自去找。乡里人见突然冒出个皇上，非常害怕，武帝的姐姐也跟着逃跑躲藏起来，最后被找到扶出来的时候，武帝说："大姊，为什么见我就躲起来呢？"赐给她钱千万，奴婢三百，公田百顷及豪宅一座。一个乡下女子，就这样突然变成了皇亲国戚！

家没有反抗，便放松下来，继续写诏书没收土地。这一次，他的诏书送到了吴王刘濞那儿。刘濞一见诏书，气得当场就把它撕得粉碎，怒吼道："这小子当年杀了我儿子，我没找他算账就不错了，他居然还想跟我要地盘！他以为本王这些年是白混的吗？"他脚一跺，心一横，便召集手下说要造反。

官员们见吴王已经下定决心，只好给他出主意。有的就说："您这么鲁莽就造反的话，不会有人响应的。倒不如扛个正义的旗帜，召集众王，那样成功的概率才比较大。"于是，刘濞扯出了"诛晁错，清君侧"的旗帜，扬言要把晁错这个嚼舌根的家伙给铲除掉。

诸侯王们一看这旗帜，都不禁拍手叫好：这可真是个起兵要回土地的好借口，一来可以告诉天下人我们代表着正义，二来还能光明正大地找皇帝要地盘。就这样，公元前154年，胶西王刘昂、胶东王刘雄渠、菑川王刘贤、济南王刘辟光、楚王刘戊、赵王刘遂纷纷起兵响应，刘濞造反的第一炮打响了。

景帝见七个诸侯国一哄而起，心里着慌了，叹道："咱这儿虽然是中央，可实际上没啥权力，他们说反就反。既然他们都说这是晁错的错，那要不朕把他杀了吧，没准还能保住一命。"

社会风情

妃嫔等级

汉代妃嫔的"金字塔"结构是：皇后；夫人；美人；良人；八子；七子；长使；少使。到汉武帝时，又扩编为十五个等级：皇后；昭仪；婕妤；娙娥；容华；美人；八子；充仪；七子；良人；长使；少使；五官；顺常；无涓、共和、娱灵、保林。

事实证明，他当皇帝的经验还不够丰富。这些诸侯王口中的“诛晁错”不过是个借口，直到他杀了晁错，刘濞等人依然不退兵，还大叫大嚷：“不就是一个长安城吗？本王手下兵多将广，还愁进不去？”景帝彻底怒了，拿出了杀刘世子时的狠劲儿，找来大将周亚夫，说：“这帮家伙不识好歹，朕一再退让，连晁错也赔进去了，他们居然还不消停！你去收拾收拾他们。”

周亚夫领命后，劝道：“皇上不用着急，这些藩王闹不了多久的。首先，他们本来就是临时组建的小团伙；其次，这些年大汉朝长治久安，百姓们都不想打仗，他们却硬拉着全民加入战斗，天下人都不会归顺他们的。”景帝听过分析觉得很有道理，便安下心来镇压叛乱。

果然，一切不出周亚夫所料，三个月后，他率领的汉军截断叛军的粮道，吴王刘濞遭遇了惨败，领着几千个残兵败将一路逃到江苏一带。在那里，军中的吴越人看大势已去，就把他杀掉了。而其他跟随他起兵的诸侯不是被抓后判处死刑就是自杀而亡。

西汉初年的这场内乱，在三个月后得以平息，而诸侯王的实力也因此大大削弱。

向历史借智慧

让规定成为流行

随着社会的不断变化与发展，我们每天都会遇到各种新的规章制度，而遵守这些规章制度在某些人看来是毫不重要的小事，但实际上正是这些小事才得以让我们的生活井然有序充满欢乐，所以能够让规定成为一种流行，才是社会不断进步的显著特征。

晁错之死

公元前154年，吴王刘濞打着“诛晁错，清君侧”的旗号，发动了叛乱。晁错是谁？就是景帝身边最得宠的大臣之一。

他从景帝还是太子的时候，就跟随景帝了。因为有才干、有见识，便越来越受到重用。当时，西汉的诸侯王势力越发强大，晁错便向景帝建议道：“你家爷爷当时封了这么多刘家人当王，虽然大家都姓刘，但并不代表这些诸侯不会有反心。反正他们就算把您轰下台，这天下还是一样姓刘，百姓们是不会觉得有啥区别的。”

晁错一语中的，景帝不由得打了个寒战，问他应该怎么办。晁错这才继续说：“这些诸侯王之所以能坐大，是因为他们手上有很多封地，尤其是吴王刘濞。他仗着吴国的经济越来越好，早就不把您老爸和您放在眼中了。依臣看，最快的办法就是削夺他们的土地，降低他们的战斗力。”

景帝便问道：“他们这些老东西又不傻，能乖乖地坐着等我

庙堂真相

不要拿领导当挡箭牌

晁错是景帝的智囊。他被当成替死鬼杀掉，也不能全怪别人：第一，他提出杀袁盎，结果被反咬一口；第二，他提出请景帝御驾亲征去冒险，自己留守后方安全地带，这不是拿领导当挡箭牌吗？景帝刻薄寡恩，晁错就白白死了。

行动？”

晁错回道：“其实，不管皇上您行不行动，他们的实力已经越来越强，总有一天会找个借口造反的，其中吴王刘濞定会首先发难。皇上，先下手为强啊。”

这话一出口，景帝还没啥反应呢，晁错的老爹就不淡定了。他把儿子叫到跟前说：“你老爸我这些年是白教育你了，现在中央的实力还不足，地方势力又日益壮大，这种时候你却让皇上去跟他们要土地，这简直就是拿鸡蛋碰石头！算了算了，你长这么大都不懂韬光养晦这个道理，你也别当我儿子了，咱俩断绝关系吧。”

就这样，晁错被老爸轰出了家门。景帝开始将诸侯王的封地收归国有，不出所料，吴王刘濞成了第一个跳出来反对的人。他先是跑去联络诸侯王一同造反，这期间，景帝问晁错：“听探子回来报，吴王最近没在他的封地上待着，你知道他去哪儿了吗？”晁错摇头说不知道。

景帝一听，心都凉了半截，叹道：“咱们正忙着收封地，他却突然消失不见，这不是太奇怪了吗？你怎么能不知道呢？”

庙堂真相

“无双国士”袁盎

袁盎学问比晁错差，但善于融会贯通，人称“无双国士”。“七国之乱”平定后，窦太后一再暗示景帝传位给刘武，景帝就派袁盎等去劝诫太后。袁盎说：“春秋时宋宣公不立子而立弟，引发了五世之乱。所以圣人认为传子才是正确的。”窦太后被说服，打消了让刘武继位的念头。

果然，没多久，吴王就打着要帮景帝铲除晁错的旗号起来造反了。为了达到目的，他不仅表面付诸武力，暗地里还收买官员，要他们从旁协助。其中，袁盎对这项差事表现出了极大的兴趣。袁盎刚兴高采烈地收下吴王送来的金银珠宝，晁错知道了这件事，就跑去告诉景帝："皇上，袁盎贪污受贿，对象还是吴王刘濞。臣觉得您应该把他抓来问问，说不定能从他那儿套出点消息。"袁盎听说晁错进宫告状，恨得牙痒痒。等到景帝召他进宫后，他便跪在地上陈说："皇上啊，根据最新的可靠消息，吴王刘濞本来不想造反，就是因为晁错在您面前说了很多诸侯王的坏话，他担心您怪罪下来，才决定要来长安铲除晁错的。"

景帝本来就对镇压叛乱一事拿不定主意，现在听到有人这么说，便略微犹豫地问道："那你觉得有啥避免战争的办法没？"

袁盎急忙点头："不如您把晁错给处死吧，他一死，吴王那边见没有了威胁，肯定就会罢兵的。"

景帝一想，对呀，咱好歹是爷爷刘邦的亲孙子，继承大统这种事可没有比朕更合适的了。先不管刘濞到底出于什么原因起兵，如果朕现在把晁错杀了，他岂不是没有造反的借口了？没有原则

名臣风骨

黄霸吏治第一

西汉名臣黄霸，从小吏做起，一直做到宰相。做小吏时，他大力发展农桑、安抚流民，等到经济有所稳定后，开始打击豪强地主、恶霸、地痞。几年之后，他的治下夜不闭户，路不拾遗，成了繁华富饶之地。黄霸后来出任京兆尹，皇帝赏赐他百斤黄金，他把赏赐全部用于修理河道，自己分文不留。史书上称赞他"以外宽内明得吏民心，户口岁增，治为天下第一"，汉宣帝称他是"贤人君子""国家栋梁"。

的景帝就此决定息事宁人，跟晁错说：“爱卿啊，朕对不住你了，为了大汉的安定，你只好牺牲一下了。”

晁错被当众诛杀，他的家人都没能幸免。他老爸哀怨地哭诉：“我就知道会有今天，只是我都和这小子断绝关系了，皇上您怎么还不放过我们晁家呢？”

景帝回道：“不是我不放过你们，而是你们都死了，不更显出我要跟吴王和好的决心吗？”于是，晁错及其九族都被一一处死，然而“七国之乱”并没有就此结束。也正因此，景帝才有了当头棒喝般的醒悟，真正下定决心平叛。

向历史借智慧

领导的承诺是靠不住的

都说人心隔肚皮，其实隔的岂止是肚皮，那恐怕是翻过千山万水都没法到达的距离吧。晁错一心为景帝，结果景帝靠不住，把他给卖了。晁错的老爸很机警，看得够远了，结果景帝还是靠不住，把他也给杀了。

地下造反

自从周亚夫平定“七国之乱”后，汉景帝的日子越过越舒心。一天，他在宫里请客，官员们都应邀出席。

等到酒菜上桌，摆在丞相周亚夫面前的是一大块肉，肉没切开不说，连刀子也没准备一把。周亚夫很郁闷，叫住负责上菜的人：“服务员，咱又不是吃西餐，怎么不把肉切开呢？况且就算是西餐，你也好歹给副刀叉不是？”

那人连忙上前，刚要说话，景帝就抢先开口了：“丞相真够讲究的，有肉吃就不错了，还有啥不满意的？”

周亚夫一抬头，便见景帝板着脸，阴沉沉地看着他。周亚夫一个激灵，连忙摘下官帽，跪在地上请罪。景帝也不出声，只冷冷地看着他，半晌才轻哼道：“丞相立过大功，这些虚礼就免了吧，起来吃饭。”

周亚夫也不答话，又在地上跪了一会儿，才默默地起身回到座位上。他心中五味杂陈，明白皇上今天是故意刁难他。看着官

庙堂真相

储位之争

景帝时，因皇后薄氏无子，栗姬和王夫人就为太子之位斗上了法。栗姬是太子刘荣的母亲，景帝本来属意她。一次景帝身体不适，就试探地问栗姬：“我百年后，孩子们就都交给你了。”栗姬当时心里正不高兴，就没回答景帝。景帝一看，故意再说了一遍，谁知栗姬没好气地说：“我又不是他们的保姆。”景帝一听，这还了得，等你上了位，我的后宫、孩子还不都要成了人彘、刘如意了。就废了刘荣、栗姬，立了刘彻、王夫人。

员们吃吃喝喝，他更是如坐针毡，便起身行礼道：“皇上，臣家中有事，想先走一步。”

景帝很不耐烦地挥挥手：“你要走就走吧。”话刚落地，他如蒙大赦，便匆匆忙忙地离开了。

景帝见状，忍不住当着众臣的面斥道：“看他这个功高盖主的样子，朕的儿子以后可咋办？”官员们一听，心中便已明白，周亚夫要和他老爸一样倒大霉了。

周亚夫的老爸是周勃，就是曾经被文帝折腾得死去活来的那位。尽管如此，他的儿子还是一样效忠于大汉，在景帝手下尽心做事。可就是因为太尽心尽力，到头来反而害了自己。

在平定“七国之乱”后，景帝看周亚夫功劳大，就让他做了丞相。周亚夫很开心，但有人不顺心了，他就是景帝的弟弟梁王。梁王也参加了平定“七国之乱”的战争，曾经向周亚夫求救，但周亚夫为了总体战局考虑，并没有施以援手。从这儿之后，梁王就经常在人前说他的不是。

一次，景帝想废掉太子刘荣，大臣们都唯唯诺诺地不敢开口。周亚夫却站出来，据理力争。景帝开始还耐着性子和他解释，后

野史秘闻

阅兵细柳营

一次，文帝去慰问驻守在长安附近的三支军队。他先来到灞上、棘门，军营主动放行，主将打躬作揖迎送文帝。到了细柳营周亚夫的营寨，文帝却被拦住了，被告知：“军中只听将军命令，不听天子诏令。”进营后又被告知：“军营之中不许车马急驰。”周亚夫一身戎装出来迎接，手持兵器向文帝行拱手礼，并说：“介胄之士不拜，请陛下允许臣下以军中之礼拜见。”文帝感慨地说：“这才是真将军！”并把他作为重点培养对象推荐给了景帝。

来就有些不耐烦了。而周亚夫呢，打仗是能手，搞关系搞政治就差远了，还不懂得察言观色，火气一上来，就直斥皇帝："废立太子本来是国家大事，皇上您怎么能视同儿戏呢？如果您老爸在世的时候，也这样率性而为的话，现在做皇上的没准就不是您了。"

景帝气得大发雷霆，从此便看他不顺眼了。周亚夫得罪了皇上不算，连窦太后也给得罪了。一次，窦太后向儿子提议说："咱们现在是皇家，怎么着也得提拔提拔自己人不是？你老婆王皇后的哥哥王信还不错，要不就封他为侯吧。"

景帝很犹豫，说自己要和大臣们商量一下。谁知提案刚摆上桌面，周亚夫又提意见了："皇上啊，你爷爷当初就下过命令，不姓刘的不能封王，没有立过功的不能封侯，这王信他从来没立过功，不过是你家亲戚，怎么能就此封侯呢？"一句话堵得景帝无言以对。窦太后知道后，对周亚夫恨得咬牙切齿。

梁王见了，就在一边说风凉话："老妈你看，我跟你说过吧，周亚夫仗着自己立过大功，现在什么话都敢说，老哥的位子怕是危险了。"

景帝听得鬼火直冒，下定决心要把周亚夫除掉。宴会事件后

向历史借智慧

做人比做事更重要

当今社会，很多人专业能力很强却依然过不上自己真正想要的生活，追溯其根本原因，我们会发现，很大程度上，是在做事方面出现了问题，我们很多人都在做事过程中不为他人考虑只顾自己感受，导致做事成功做人失败，让自己的事业与家庭处于相对孤独的状态，因此我们要清楚地意识到，做人比做事更重要。

没多久，周亚夫的儿子见老爸年纪大了，就开始为他准备死后的陪葬品。一天，他给老爸买了五百副铠甲、盾牌，都是回收品。等工人帮他运到目的地后，他就想赖账不给钱。众人一生气，就跑到官府去告状，说他买违禁武器。

景帝听说后，立刻叫人把周亚夫抓起来，派官员去审问。官员一见到他，就问："丞相是活腻味了吧，怎么还想造反？"

周亚夫急忙否认道："我儿子不过是帮我买了点儿陪葬用的东西，况且那些铠甲、盾牌都是二手货，质量压根儿没保证，造反这种事从何说起？"

官员也不听他解释，一拍桌子，叫道："用刑，用刑！"受大刑的周亚夫凭着一股硬气，抵死不认。

审案的没办法，只好去找景帝求救："皇上啊，臣软硬兼施，那周亚夫还是不愿承认谋反一事，现在应该怎么办？"

景帝冷笑道："蠢材！朕现在不是要你审问他有没有谋反，而是要你给他定一条谋反罪！"官员当场吓得冷汗直流，战战兢兢地退了出去。等他一见到周亚夫，就说："你其实早就有了谋反之心了吧？就算你活着的时候条件不成熟，死后也难保不会在地下造反！这就该杀！"

这时周亚夫方才恍然大悟，自己辛苦一世，不仅不讨好，到头来还被上司陷害。悲痛绝望之下，他以绝食相抗，五天之后，就气得吐血身亡了。

第三章　光荣年代

歌女卫子夫

公元前 141 年，太子刘彻登基，史称汉武帝。武帝的威名想必人人都有耳闻，他不仅仅在皇帝这个位子上混得风生水起，就连感情生活也毫不逊色，年轻时还上演了一出王子和灰姑娘终成眷属的喜剧。

汉武帝当上皇帝后，成为全国上下最抢手的金龟婿。他老婆阿娇着急了，自己的老公本来就长得帅，有本事，现在金钱、地位更是无人能比，如果自己稍微有一刻放松的话，不知道会有多少美女主动跳上老公的床呢。

于是，她开始昼夜不停地驱赶小三，还对武帝放话说："你小时候就承诺过要好好爱我的，现在可不能食言。而且要是没有我妈——馆陶长公主的帮忙，当初你压根就当不上太子，你一定要知恩图报。"

武帝表面上应承着，心里已经小不爽了："咱一大好青年，为了自己的前途娶个老女人不说，现在还要被剥夺自由，这还让

社会风情

皇帝的女儿称公主

称公主是从汉朝开始的，周时称天子的女儿为帝姬。据史书记载，自汉朝以后，皇帝的女儿称公主，姐妹称长公主，姑母称大长公主。如刘嫖为景帝的姐姐，被称馆陶长公主；平阳长公主是武帝的姐姐，武帝和卫子夫的长女被称卫长公主。

不让人活了？况且朕已经按照当初所说的，给你造了一个金屋子了，你还有啥不满意的？”

时间一长，夫妻两个的矛盾就越来越深，再加上阿娇皇后一直都没怀上小孩儿，武帝更是不乐意了。他找到自己的姐姐平阳公主诉苦：“姐，你看朕都结婚这么多年了，家里有个母老虎不说，还没一个子嗣传承帝位，今后朕如果出点儿小差错，岂不是连继承人都没有吗？”

平阳公主觉得有理，便拍胸脯向他保证道：“你尽管放心，你老婆不准你在家偷吃，你就来我家吧。姐姐一定给你找些美女养着，你有空了就过来挑几个喜欢的。毕竟你身为皇上，子嗣问题是最重要的。”

没多久，平阳公主就把他叫到府上，美其名曰参加派对，其实就是让他选美。汉武帝乐滋滋地来看姐姐，坐在席上看着眼前的美女，竟一个都没看上。他很是哀怨地看着姐姐，说：“你怎么竟找这种乏善可陈的女子？朕都看半天了，愣没看到一个喜欢的。”

平阳公主只能叹道：“这次时间紧迫，我就只挑了这几个。

野史秘闻

金屋藏娇

陈阿娇的母亲馆陶长公主，本来想把阿娇嫁给刘荣，谁知被栗姬拒绝了。当时刘彻还很小，馆陶长公主抱着他指着侍女问，长大了想要谁。刘彻说都不要。最后馆陶长公主指着陈阿娇问：“那阿娇好不好？”刘彻笑着拍手说：“好，好！到时我一定造个金屋子给她住。”馆陶长公主非常高兴，于是数次请求景帝，终于定下了这门亲事。而且在刘彻被立为接班人这件事上，馆陶长公主也是出了力的。

这样吧，今天你先欣赏一下歌舞，今后我再为你挑好的。”

武帝连忙点头，虽然没有美女，但好歹脱离了老婆的束缚，这就足够他开心的了。平阳公主一声令下，演员们便一一登场，这其中就有卫子夫。武帝不经意地看见她后，视线就此挪不开了。

他拉住平阳问：“这个歌女是谁？朕一看就看对眼了。”

平阳公主见自己居然碰上了传说中的一见钟情，立马跟自己的弟弟说这是卫子夫，在府上当歌女来着，是山西临汾人。末了，她又加上一句：“皇上要是喜欢的话，回头我把她送给你吧。”

武帝很开心地答应下来，卫子夫就这样跟着他进了宫。然而，灰姑娘的爱情总是要有波折的，这俩人也不例外。卫子夫刚一进宫，阿娇皇后就知道了这件事。她恶狠狠地说：“哼，刘彻这家伙居然让自己的姐姐当起媒婆来了。我的确是拿公主没辙，不过一个卫子夫我难道会对付不了？”

之后，阿娇便使出了所有能使出的招数，把卫子夫打压成了默默无闻的小宫女。而刘彻一回到宫中，就开始忙起国家大事来。一般说来，事业成功的男人家庭方面都照顾得不太周全，尤其是武帝这样的工作狂，一忙起来就把卫子夫给忘了。

野史秘闻

皇帝家的女人不好惹

阿娇任性妒忌，母亲长公主刘嫖贪得无厌。汉武帝逐渐讨厌疏远母女俩。这时，王太后对儿子说：“你刚刚即位，大臣未服，还得依靠太皇太后。但你先前推崇儒学，已经惹得老人家生气。现在如果再得罪你的姑姑，事情就危险了。妇人天性容易取悦，你一定要将就一下！”汉武帝于是对长公主和皇后阿娇的态度有所改变。

卫子夫在宫里过得很难受，不是洗衣打杂，就是拖地扫厕所，还没有人身自由，自己的爱好——唱歌事业也就此搁浅。直到公元前138年，武帝下达命令，准备从宫中放出一批宫女，卫子夫真正变凤凰的机会才得以降临。

她先是哭哭啼啼地找到武帝，对他说："皇上，您当初把我带进宫来，我实在感激不尽。现在您又大发慈悲要准备遣散宫女，而我家中尚有兄弟姐妹，您就把我给送出宫去吧。"

武帝定睛一看，这不是自己一见钟情的对象吗？只见她一副梨花带雨的模样，甚是惹人怜爱。武帝的心当时就软了，柔声道："你只想着你的兄弟姐妹，就不想留在宫中陪朕这个孤家寡人吗？"

卫子夫一听，心中不由得一喜，便道："能陪着皇上自然是好的，只是这宫中有许多的不如意，我实在待不下去了。"

武帝忙道："你是说朕的老婆吧？没事，从今以后有朕罩着你，谅那个女人也不敢怎么样。"

之后，武帝便开始专宠卫子夫，阿娇在宫中闹翻了天也无济于事。而武帝为了让卫子夫安心，更是把她的哥哥卫长君和弟弟卫青召进宫中，免去了她的担忧。就在这一年，卫子夫怀上了武

社会风情

汉代的盗版

司马相如的赋作，才华横溢，一赋既出，万人争购，被称为旷古绝今的才子。长安城里有个姓庆的读书人，也是赋中高手，但他写的赋却无人问津。于是，他每作一赋，便假托是司马相如的新作，投放到市面，也引来万人争抢。

帝的骨肉，奠定了她在宫中的地位。

公元前 128 年，卫子夫为武帝生下儿子刘据（后立为太子），就此当上了正式的皇后。

向历史借智慧

麻雀变凤凰

这年头，女生们最爱的莫过于灰姑娘穿水晶鞋的戏了。其实麻雀变凤凰这种事，在现实当中也有很多例子，我们最耳熟能详的莫过于戴安娜王妃了。只是如今伊人已去，王子也变成了老头子，还另结新欢，看来童话永远是童话，灰姑娘是一时的，门当户对倒是更靠谱一些。

愣头青汲黯

武帝是个有远大志向的君王，从他开始，中国的皇帝渐渐重用儒家学派。但在他刚刚有这想法的时候，不少官员是站出来反对的。

那时候，武帝想在全国寻找学习儒家思想的人才入伍，还一天到晚地嚷嚷："朕今后一定要学习尧舜那样的贤君，以仁义治国，把民生问题放在第一位，一心为人民服务。"

他刚喊完，官员汲黯就站出来，嗤道："皇上您别忽悠人了，大家都知道您不是个安分的主儿，现在居然高唱为人民服务，试问尧舜那样的功绩岂是您能够达到的？"

武帝见他一脸不屑的模样，顿时气得发抖，指着他气呼呼地道："你……你……你……你给我等着。"说完，也不管众官员还在场，就狠狠一跺脚，走了。

大家见武帝一走，连忙凑到汲黯跟前说："你又不是不知道咱们老大脾气不好，你刚刚竟敢那样顶撞他，等着倒霉吧。"

庙堂真相

不拘一格选拔人才

武帝好儒，便打破了黄老的无为，推行儒家的积极有为。有为就需要人才，武帝一再下诏访求人才，不拘一格进行提拔：卫青、霍去病分别是从奴仆和奴产子中选拔出来的；丞相公孙弘、御史大夫倪宽，以及严助、朱买臣等人都是从贫苦平民中选拔上来的；御史大夫张汤、杜周和廷尉赵禹是从小吏中选拔出来的；而金日磾是匈奴俘虏，当时是在宫中养马的奴隶。

汲黯丝毫不惧，反倒把身板一挺，朗声道："我有啥好怕的？我身为臣下，自然有实话实说的义务，他既然想要做个好皇上，就应该要有听直言的心理准备。"

汉武帝有听直言的雅量没有？自然是有的，只是在汲黯这儿，这个后世称颂的君主可没少当受气包。一次，河内这个地方发生了火灾，武帝便对汲黯说："快，河内那边失火了，你快帮朕去看看情况。"

汲黯领命后，便出了长安城，赶赴灾区去了。武帝依然不放心，便派人随后跟进。没多久，他就收到消息说："皇上，我们找遍了整个河内，翻了个底朝天，愣是没找着汲黯大人。他不会是迷路了吧？"

武帝顿时拍案而起，怒道："那老东西能迷路？恐怕是又晃荡到什么地方去了，哼，要是让朕逮到他私挪公款、公费旅游的话，朕立马废了他！"

武帝在长安城里大发雷霆的时候，汲黯就派人传消息回来了。他说："皇上啊，河内那边的火灾实在是小事，不劳我大驾也能搞定，我现在是在河南这边呢。您在长安享福享惯了，还不知道河南

庙堂真相

儒道之争

武帝早期，窦太后尚在，窦婴为丞相。但窦太后喜欢黄老，窦婴崇尚儒学。窦婴向武帝推荐了两个儒生赵绾、王臧。两人建议武帝立明堂以朝诸侯，把窦太后气得够呛。窦太后私下调查，就查出了赵绾、王臧贪污的事实，逼着武帝将二人下狱，并迫令他们自杀。窦婴也免职反省。政治真是复杂，贪污案里原来还有这么深的斗争背景。

这儿遭受水灾吧？百姓们太惨了，房子被冲倒了，没有食物应急，救灾部队也没及时赶到，人吃人的现象层出不穷。我一看这情况，就觉得这是提升您形象的好机会，于是就借您的名义颁了道圣旨，让当地的粮食部门开仓赈粮，您说我这事办得还行吧？”

武帝听后，怒极反笑：“好，办得好，你既然这么喜欢在基层做事，朕就派你到荥阳做事吧。”

汲黯接到命令后，也不多说什么，直接袖子一挥，缓缓道：“皇上闹脾气，我可不陪他玩，我要办病退。”于是，汲黯递交辞职信后就直接回家养老去了。

武帝很是无奈，这老家伙也太不给自己面子了：不管怎样，自己好歹是一国之主，你说辞职就辞职，难道朕还缺你这么一个人才？然而，没过几天，武帝就耐不住了，为什么？没人在自己耳边说大实话，他很担心自己有做错的地方却没人敢指正。武帝憋不住了，没多久便道：“朕可扛不住了，还是把汲黯那老头给请回来吧，要不执政没有安全感。”

汲黯回来了，继续当武帝身边的老愤青。武帝虽然是个有为之君，但执政期间没少犯错误。他上台以后，发动大军猛攻匈奴，

社会风情

门可罗雀

名臣汲黯，以刚直正义、敢讲真话而受人尊重。他为人和做官都不拘小节，讲求实效。他当官时，每天拜访他的客人很多。后来他辞去官职，再无人来，门前倒是有许多麻雀在嬉戏跳跃。汲黯感慨地说：“从前我当官，宾客盈门，现在不当官，门前可以张网捉鸟了。”不久，皇帝又下诏请他回去做官，过去常来的客人又纷纷来拜访他了。经此一事，汲黯醒悟，不再接待私情来访。

最终取得了胜利。匈奴的老大浑邪王为了保命，只好来长安投降。

武帝是个好大喜功的人，他听说对方要来，便下令道：“那些家伙长年在草原上待着，肯定没见过世面。朕这次一定要办个欢迎会，给他们开开眼界，让这些家伙羡慕死。”他一声令下，官员们就开始遵旨办事，四处征召车马钱财，百姓们都不堪其扰。即便如此，负责征召的官员也没能完成任务。武帝眼看面子工程不能做到位，便嚷嚷着要把这个官员给杀了。

汲黯当时正卧病在床，听说这件事后，连忙挣扎着爬起来，跑进宫去骂武帝：“皇上你也太败家了，一个人摆谱不算，还拉着人民跟你受罪，现在又要处死无辜的官员，你糊涂了吗？咱们大汉多年来受尽匈奴的欺压，现在好不容易能吐气扬眉了，你不把匈奴人分给百姓做牛做马就算了，还要盛情款待他们，这根本就是疲敝国家的举动啊。”

武帝被骂得哑口无言，好半天才跟身边人发牢骚：“汲黯太久没发言，一开口准没好话。”之后，武帝就炒了他的鱿鱼。没过几年，武帝又重新把他请出来管理淮阳，他就死在了任上。

向历史借智慧

汲黯难求

一个好上司怎么让事业成功？人才必不可少，但如果有个说实话的人，那就更是如虎添翼了。在上位待久了，难免有脱离群众的时候，而下属们为了自己的前途考虑，便很少会说实话。久而久之，上司眼中的世界就会跟实际脱节，而想要让事业更上一层楼就基本上成了“浮云”。所以说，人才难求，而肯说实话的人才就更是珍稀动物了。一个团队里，既要有唱红脸的，也一定要有唱黑脸的，像汲黯这种人才，对团队来说，其实是一道非常好的安全阀。

马邑之谋

汉朝从“平城之围”后，就一直被匈奴欺压。等到武帝上台，他便扬言：“咱们这么大一个国家，被人踩在头上几十年了，每年要给匈奴人送大批金银珠宝不说，就连自家的女人都保不住，长此下去，国家还有什么尊严可言？”

公元前133年，匈奴持续对汉朝边境进行侵扰终于让武帝忍无可忍。他问众臣道：“大汉已经持续稳定发展这么多年了，国库里串钱用的绳子都腐烂了，咱们的钱却还没花出去。而现在匈奴人三天两头地欺负咱们，不拿合约当回事，你们说该怎么办？”

他刚一问完，大臣们就分成两派，吵将起来。一派说要打仗，因为国家的实力比汉初强多了，而且汉朝这边刚刚跟他们和亲，又是送女人又是送珍宝的，这些家伙多半想不到会被咬一口；另一派却反对打仗：“咱们都安定这么久了，突然要打仗不利于建设和谐社会，况且匈奴人只是在边境闹闹事，皇上要气不过的话，咱们找外交官过去谴责一下？”

社会风情

年号纪年的开始

公元前113年，在汾水边出土了一座大鼎，上面锈迹斑驳，年代久远，被认为是祥瑞，武帝为了做个纪念，就以"元鼎"为年号。这是汉武帝的第一个年号，也是我国历史用年号纪年的开始。武帝又为以前几十年追补了几个年号。也有观点认为，公元前140年开始使用的建元年号，才是中国历史年号纪年的开始。

武帝气哼哼地道："你们这些没出息的，以为光动动嘴皮子匈奴人就会怕你？只有把他们狠狠地打一顿，打痛了，他们才会消停。"大家听老大都这么说了，也都表示赞同，开始商量对策。

就在这一年，武帝派出三十万兵马，朝中的精兵猛将都纷纷出动，誓言要打响头炮。为了一击即中，武帝又派人深入匈奴的地盘去诱敌。负责这项任务的人叫聂壹，是个商人，他常年跟匈奴人打交道。他在见到单于老大后，谄媚道："老大，在下可以帮您拿下马邑这个地方。我本来就是一个做生意的，在马邑城中不会引人怀疑。等我进城后，就可以领着几百个手下去把市长给杀了，城中的财物牲畜都可以归您所有。不过，咱这儿毕竟人手少，事成之后，我还是需要您搭把手，领大军进城接应我。"

单于爽快地答应后，聂壹就回到马邑，找到市长，合计着杀了几个囚犯，把他们的人头挂在城墙上。匈奴人看见后，就欢呼着往马邑而来。

等到他们的军队快进城时，却发现马邑城外有不少牲畜在闲适地吃草。单于就说："这情况不对，马邑城的市长都死了，城里不是应该兵荒马乱的吗？怎么这状况倒跟平常没两样呢？"

野史秘闻

马邑之战的教训

马邑之战的布置是：将军韩安国、李广、公孙贺率主力部队埋伏在马邑附近的山谷中；将军王恢与李息率三万多人从侧翼袭击匈奴的辎重并断其退路。匈奴后撤，王恢畏缩退还，致使马邑之战颗粒无收。武帝异常愤怒，痛定思痛，改变了战略战术：一是大力起用新将，对老将不再抱什么希望；二是主动出击，抛弃被动待敌的思想。

于是，单于便命人在附近抓了一个小官员审问。那官员本来就对匈奴人忌惮三分，听了他们的几句威胁后，便忙不迭地跪在地上，坦白从宽：“都是聂壹那家伙跟您玩无间道呢，您可千万别上当，他们的人早就埋伏好了，就等您自投罗网。”

单于嘿嘿一笑：“还好抓了个有用的家伙，否则我就真要倒霉了。这样说来，是老天不要我死。”之后，他就领着大部队风驰电掣地回去了。那边三十万大军整装以待，等了许久，连匈奴人马的影子都没见着，再一打探，才知道消息已经泄露，敌军早已撤回大草原，龟缩不出了。众将士快憋屈死了，都嚷嚷着：“咱们又不是带兵出来郊游的，现在匈奴人发现了咱们的计策，一个个的都不出来，总不能让咱们白跑一趟吧。”

于是，将领们领着大军在草原上漫无目的地一通乱跑，希望能找到匈奴的主力部队，可惜士兵们累得半死不活，却仍一无所获。武帝身居长安，知道这件事后，便发话道：“赶紧回来吧，你们还嫌不够丢脸哪？再继续跑的话，小心笑掉了天下人的大牙。”

后来，大军依言撤回，而总领这次战事的将领王恢被判入狱，自杀谢罪，汉武帝时期的第一次对外战争就这样不了了之。

向历史借智慧

行成于思毁于随

唐代韩愈在《劝学解》中曾有一句话：“业精于勤荒于嬉，行成于思毁于随。”前一句是说学习或事业，在于奋发努力，勤勉进取，如果总是游戏心态，便会一事无成；后一句是说，做事情要想成功，就需要反复思考、深思熟虑，而如果总是随手随意、随随便便，做事没有细致规划，必然招致失败。“马邑之谋”之所以虎头蛇尾，还没展开就不了了之，其中道理，正在于后面这一句“行成于思毁于随”。

神汉李少君

当皇帝，说白了，除了能享受荣华富贵、使唤人之外，还真没什么好处。即便如此，武帝还是乐此不疲，时间一长，就想着要长生不老。为此他被不少方士骗过钱财，每次又什么也没得到，但他每次都能发现这些方士的骗术，并毫不留情地将他们杀掉。即使这样，我们的这位皇帝还是认为世上有神仙，只不过这些人本事差了点。

能当上皇帝的人，运气都是相当好的，这不，他刚想着长生不老，就有怀揣不老秘方的人送上门来了，此人就是李少君。李少君刚一见到他，就摆出一副仙风道骨的模样。武帝本来就是一个迷信的人，见到他后，不由得心生仰慕，开始询问他的身世。

皇上问话，就算是神仙也要回一两个字的，好歹人家是真龙天子。于是，李少君缓缓答道："老夫今年已经七百多岁了。"

武帝啧啧称道："您真是高寿，朕看您精神饱满，不知道怎么保养的？"

名臣风骨

"三光"赵信城

公元前 119 年的漠北大战，是卫青军事生涯的顶点，也是结束。当时，匈奴大将赵信汉化得很严重，筑了一座城，在里面储备了大量物资。伊稚斜单于大败远逃后，卫青住进了赵信城，在里面吃喝了一整天，临走，把带不走的全烧了。要知道这些储备对匈奴部族的生存非常重要，卫青的吃光、带光、烧光政策，使匈奴元气大伤，再也不敢窥探汉境了。

李少君不愧是个会故弄玄虚的主儿，只见他眼睛半睁半闭地回道：“保养说不上，臣不过是有些长生不老的秘方罢了。”

武帝一听，来了兴致，就把他留在了自己身边，三天两头地向他讨教鬼神方面的问题。李少君对外宣称自己是给灶王爷打工的，因为干得不错，时间长了，灶王爷就把长生不老的秘方赐给了他。等到武帝盘问他的户口时，他的回答更加神秘：“老夫从来处来，到去处去。”

这句回答实在经典，至少武帝等人就没听过。再加上李少君周围一个亲戚朋友都没有，也没娶老婆，大家就是要查户口，一时半会儿也无从查起。于是，这个黑户在武帝心中的分量越来越重。

既然皇上都重视，王公贵族们更是不愿落下。他们纷纷上门拜访，为了讨好李少君，更是抬着金银珠宝、珍奇古玩上门，并且隔三岔五地邀他喝酒吃饭。一次，丞相田蚡请他到府上做客。在参加宴会的人中李少君看到有一个九十多岁的老人后，灵机一动，就在酒席上跟老人说：“你祖父是不是曾在南山打过猎？我记得好像还曾和他同行来着。”

他话音刚落，官员们有的啧啧称奇，有的持怀疑态度。李少

社会风情

秦汉方士

方士就是方术士，方术起源于战国时燕、齐一带濒海地区，秦汉后渐盛，魏晋后没落。方士的中心思想就是求长生，但具体内容很驳杂，天文、医经、医方、神仙、占卜、相术、遁甲、堪舆等在当时都算方术。其中固然有一些是骗人的把戏，但也有不少是古代研究技艺的人们留下来的原始科学技术，可以说，方士也是中国历史上最早的医学家、天文观察家、化学家。

君也不着急，只是慢悠悠地说了几个关于南山地貌的情况。那老人方才惊呼道：“我活了这么大把年纪了，今天总算是见着神仙了。您说得不错，我很小的时候，祖父的确去过南山来着。”大家听他这么说，都暗暗赞叹不可思议，看他的目光更是多了几分敬畏。

李少君非常享受这种万人瞩目的感觉，虽然表面上还在强装镇定，但内里早就暗爽不已。武帝听说这件事后，便道：“南山那地方长啥样，很多人都是知道的，没准他自己暗地打听一下，就来跟大家胡诌了。要不朕再考验考验他？”

没过多久，武帝就命人拿出一样旧铜器，把李少君叫到面前问：“朕这宫里面虽然有不少宝贝，但很多东西朕都不知道它产自何年何月，要不您帮我鉴定鉴定？”

李少君暗笑道：“想考我？嘿嘿，您这宫里有哪些东西，我怕是比您还清楚呢，这点问题能难住我？”

于是，他装模作样地凑上前，仔细看了看，半晌才沉吟道：“皇上，如果老夫没有记错的话，我曾经在齐桓公时候见过它，想来这应该是春秋战国时期的古物吧。”武帝连连点头，更加坚信他身怀秘术，对他礼敬三分。

名臣风骨

东方朔劝谏

汉武帝时，有人因为擅自杀了皇宫禁苑上林苑的鹿，被有司判为死罪。东方朔对武帝说：“这个人确实该死，理由有三：使陛下因为一头鹿而杀人，这是第一个该死的理由；让天下人知道陛下看重鹿而轻人命，这是第二个该死的理由；匈奴有犯边的急情，需要鹿的角撞死匈奴兵，这是第三个该死的理由。”汉武帝听了之后不说话，然后赦免了杀鹿的人。

一次，李少君在跟武帝聊天的时候，又开始吹牛，说自己见过古时候的神仙安期生。武帝听他这样说，便迫不及待地问："朕也很想见见，不知您有啥办法不？"

李少君不急不缓地喝着茶，半天才回答："要见神仙，还是要讲究缘分的，尤其是安期生那样的大仙。他往往只见跟他有缘的人，如果没缘的话，就算近在咫尺，你也没法看见他。"一句话说完，听得武帝心中很不是滋味，对他又羡又妒。

汉武帝毕竟是功利的实干家，他收留李少君可不是为了听他天天瞎侃的，而是想从他那儿讨到长生不老的药方。李少君做戏当然要做全套了，于是就在宫中摆开阵势，为武帝炼制仙丹。说白了，不过就是鼓捣巫师做点化学实验，提炼点黄金什么的。可惜的是，他的药还没做出来，人就先一命呜呼了。

武帝很郁闷，又不愿面对现实，就开始欺骗自己，并对外宣称："李少君根本没死，只是灵魂出窍，云游四海去了。"这之后，武帝的求仙之路仍然没有结束。

向历史借智慧

欲望无止境

一个人一辈子，到底需要多少物质？有人会说，多多益善，越多越好。但多未必就是富有，可能还是负担。欲望无止境，对世界要求得越多，人活得也就越累。就像武帝，什么都有了，就开始萌生一些不切实际的想法，而且越陷越深，明明知道是自欺欺人，还找出一大堆的理由为自己辩护，结果不死药没得到，钱没少花，这不就是败家吗？

卫青奇袭龙城

马邑之围中，三十万汉军跑出国门，在外公费旅游了一圈，一无所获，老百姓提起这件事不是嗤之以鼻，就是怨声连连。深居在未央宫里的武帝，只要一想起这件事，就觉得很没面子，宅在宫里不愿见人。

公元前129年，匈奴人因为物资匮乏，又闯进汉朝的地盘抢劫。武帝气得拍桌子吼道："敢情这些家伙是把朕的地方当跑马场了。哼，上次马邑事件算他们走运，这次朕再也不会放过他们了！"

武帝很生气，召集了朝中的大臣商量出兵的事。受上次兵败的影响，他决定在用人方面换一批新人，就这样，卫青脱颖而出。

他是卫子夫同母异父的弟弟，说白了，就是他妈在老公死后，跟别人生下的私生子。后来，他老妈因为生活困难，就把他送回他的亲生老爸郑季身边。郑季的老婆很不爽：你在外边留下的野种，凭啥要我来养？因此，卫青在郑家的日子并不好过。后来，有个会看相的人告诉他："你长得一副富贵相，将来肯定能封王拜侯。"

名臣风骨

凿壁借光

匡衡小时候喜爱读书，但是家里穷得点不起灯，恰好邻居家晚上都点着灯，匡衡就在墙上凿出一个洞，使得邻家的灯光能照过来，他就在这一小束灯光下读书。这就是匡衡"凿壁借光"的故事。乡里有一人家，藏书很多，匡衡为了读书，前去求为佣人，家主被感动了，从此资助匡衡一心求学。不过后来匡衡做了大官，因为贪赃枉法，被皇帝免了职。

他笑笑："我不仅出身卑贱，还是个私生子，能有口饭吃就不错了，升官发财这种事简直像痴人说梦。"

等到卫子夫和武帝有情人终成眷属，卫青靠着姐姐的关系进了宫，人生总算开始转运。现在武帝一下达命令，他就兴奋地走马上任，领着大军出发了。

临行前，武帝将队伍分成四路，分别从不同的地方进攻。当时领军的除了卫青是个初出茅庐的小子外，其他人多少都有过战争经验。其中，最出名的就要属李广了。他们分别率领一万骑兵，直奔匈奴而去。

匈奴人听说卫青后，都哈哈大笑道："汉武帝那家伙是不是手上没人才了？居然找个毛头小子上台。上次的马邑之围咱们都替他觉得丢脸，这次居然还不吸取教训，他果然是当皇帝的时间不够长，业务还不熟悉。"笑归笑，匈奴人对李广可是不敢轻视，都说："李广在打仗方面可是老手了，咱们不管怎么着都应该集中主力对付他，只要解决了他，相信其他三人也就不堪一击了。"

果然，等双方一交战，匈奴的强兵猛将都重点"照顾"李广去了，而负责攻打龙城的卫青却没遇到多少人防守。当他打探到匈奴主

名臣风骨

大将军卫青

卫青属于裙带官，升迁快得让人眼红，和李陵等名将的遭遇一比较，人们就很容易鄙视这位年轻的大将军。但卫青为人不错，很低调，武帝要封卫青的三个儿子为列侯，当时，卫青的三个儿子都还在襁褓中，卫青坚决推辞："我军获得胜利，一是靠陛下威名，二是靠将士们拼死奋战。为了鼓励将士奋力杀敌，请陛下把奖赏给他们吧。"

力去专门对付李广后，便哈哈笑道："龙城一直都是匈奴人祭天地祭祖先的地方，这帮家伙居然将主力部队调走，分明就是小瞧我，既然如此，我这次就要你们对我刮目相看。"

年轻人就是有干劲，一旦下定决心，卫青便率领大军直奔龙城。匈奴人压根儿没想到他这么快就赶到了，当时就大吃一惊。众人匆忙捡起刀剑，慌慌张张地跨上战马应对。卫青的骑兵风驰电掣，转瞬就到了眼前，双方的激战就此开始。

一时间，战场上喊杀声、刀剑声、战马嘶鸣声响成一片。卫青一马当先，带着汉军来回冲杀。士兵们见了，都纷纷提振士气，奋勇杀敌。匈奴人见对方攻势凶猛，哪里还有精力去反抗，只得消极防御，边战边退。可惜，双方都是有宝马的人，逃跑这种事情匈奴没能占到上风。他们被汉军打得落花流水，求爷爷告奶奶。这一战，汉朝派出的四路人马只有卫青一路大获全胜，消灭了数千匈奴人。

龙城奇袭使匈奴人震惊不已，而武帝十分开心，不仅挽回了颜面，还就此打开了汉朝长期以来在匈奴问题方面的困局，为之后的汉匈战争奠定了基础。

向历史借智慧

后生可畏

有句话说，年轻时不要怕，年老时不要悔。只有年轻时勇猛向前，敢于尝试和担当，年老时才能不后悔。小伙子卫青，虽然是靠着裙带关系混上来的，但工作能力确实突出，让朝廷上下的人都不得不服。他在战场上勇于冲锋，不怕危险，而不是时刻惦记着自己皇亲国戚的身份，贪恋现有的小康生活。正是有了这种敢拼的精神，卫青才能把老将李广比下去，一时间成了大汉军队最耀眼的明星。

张骞出使西域

公元前139年，汉武帝招募出使西域的志愿者。当时，武帝听说匈奴不仅跟大汉有仇，还跟游牧民族大月氏结怨。大月氏最开始住在甘肃敦煌、祁连山一带，后来匈奴抢地盘，大月氏打不过对方，就只好搬到新疆伊犁一带去了。而大月氏的国王在双方争抢地盘时，被匈奴人杀死不说，脑袋也被割下来给他们装酒。

武帝听说这件事后，便想联合这支民族，共同对付匈奴人。为此，他开始招募愿意出使西域并和大月氏结盟的志愿者。陕西人张骞站出来了，毛遂自荐道："我一直挺想当个外交官的，皇上您就把这次的机会赐给我吧，无论中途遇到什么艰难险阻，我保证完成任务。"

武帝看他也算个有志青年，说话做事都挺靠谱的，便决定把任务交给他。这之后，张骞领着一百多号人从甘肃出发，往西域而去。他心中满怀希望，憧憬着到达大月氏谈判成功，不仅国家能换来长久安宁，自己的事业也能够上一台阶。

社会风情

丝绸之路

对张骞出使西域，史书的评价是"凿空"。自张骞之后，那条通往西域的政治、军事路线成了商人和平来往的道路，千百年不绝，史称"丝绸之路"。通过这条路，中国输出了冶铁术、凿井术、丝绸制造、漆器制造等技术，传入了西方（域）的胡（黄）瓜、胡豆、胡麻、石榴、胡萝卜、葡萄、汗血马、核桃等。伴随这些的还有文化的交流、人员的来往，"汉"的意义随之得到提升，成为一个古老民族的称呼传遍了世界。所以说，文化的力量是无穷的，比坚船利炮还管用。

可惜，怀揣梦想的他刚出门没多久，就在河西走廊一带被匈奴人抓住了。单于老大没想到自己能在这种地方遇到汉人，便好奇地打探他的来历。当得知他是负责出使西域的汉臣后，哈哈笑道："你们汉朝不让我从你们的国境内通往他国，难道我就能容忍你这种偷渡客吗？"

单于把他囚禁起来，三天两头地找人劝降。张骞誓死不从，硬着脖子回道："我家老大对我挺厚道的，我生是大汉的人，死是大汉的鬼。"

匈奴人见他抵死不降，都恨得牙痒痒。单于老大也气得脸红脖子粗，吼道："硬的不行就来软的，哼，都说英雄难过美人关，咱们就用女人去搞定这件事。"

于是，女人送到了张骞面前，负责劝降的人都说这是找来给他当老婆的。张骞冷冷一笑，暗道："你们当我是傻子吗？明明是想用女人麻痹我的思想，让我安心当匈奴人。我又怎么会上你们的当呢？不过也好，咱现在正担心等逃回大汉的一天，成为剩男没人要，现在你们倒帮我解决这个问题了，都不用买车买房就能有老婆，说起来还是我赚了呢。"

野史秘闻

要鼓励勇敢的尝试

汉武帝每次出去，就让太子刘据代理国家大事。太子为人宽厚，改正了父亲很多严酷的做法。虽然深得老百姓的欢心，却惹得酷吏很不高兴。卫皇后怕儿子惹出祸端，就劝诫他，不要跟父亲拧着干。汉武帝听说后，表扬了儿子，批评了老婆。

他接受了匈奴人的逼亲，娶了个免费老婆，后来还有了小孩儿。匈奴人见他家也成了，在这儿也待了十年，便慢慢放松了对他的监控。公元前129年，他趁对方不注意，火速收拾包袱，领着随从，抛下妻儿逃走了。

要说张骞这十年可不是白待的，他虽然被困，但抓住一切机会了解地形。在逃跑过程中，他穿上胡服，说匈奴人的语言，借着熟悉地形的优势，躲过了对方的多次追捕，惊险地逃出了他们的地盘。

这十年中，大月氏因为受到外族的又一次侵略，便继续西移，搬到了咸海附近。张骞历经千辛万苦，总算找到他们。他刚要开口结盟，大月氏那边便拒绝道："我们的百姓已经打了太多仗，现在好不容易能在这里安定下来，谁还愿意打打杀杀呢？况且如果和大汉共同对付匈奴的话，匈奴要反过来咬我们一口，大汉鞭长莫及，恐怕也救不了我们。"

张骞见一次劝说不成，就留下来，准备长期抗战。反正自己在匈奴已经耽误了十年的时间，一两天哪还在话下。于是，他一边留下来给大月氏的领导们做思想工作，一边四处走访，将这一

名臣风骨

桃李不言，下自成蹊

李广英勇善战，历经汉景帝、武帝，立下赫赫战功，对部下也很谦虚和蔼。司马迁称赞他是"桃李不言，下自成蹊"。意寓桃李有芬芳的花朵、甜美的果实，虽然不会说话，但仍然能吸引许多人到树下赏花尝果，以至树下走出一条小路来。比喻一个人做了好事，不用张扬，人们就会记住他。只要能做到身教重于言教，为人诚恳、真挚，就会深得人心。只要真诚、忠实，就能感动别人。

带摸了个门儿清。一年多以后，他把附近地区都走访完了，大月氏的领导们还是不愿出兵，他只好带着手下，动身回国。

为了避开匈奴人的追捕，张骞特意绕道而行。但当他走到羌人的地盘时，匈奴的铁骑再次出现，在发现张骞后，二话不说地又把他抓起来。张骞很郁闷，叹道："都怪自己没有关注国际时事，难怪会被扣留。现在羌人的地方被匈奴占领，压根儿没有汉朝的大使馆，看来这次逃跑又得靠自己了。"

一年多以后，当时的单于老大去世，匈奴内部为了夺取政权，争斗不休。已经有了丰富的逃跑经验的张骞自然不会放过机会。这次，他更是"嚣张"，卷起铺盖，带上老婆孩子直奔长安而去。公元前126年，离开故国长达十三年之久的张骞，终于回到长安城，见到了汉武帝。

武帝很兴奋，他一直以为这个志愿者不是死了就是投降叛国了，没想到他还能再回来。结盟虽然没有成功，但张骞把这十几年来在西域的所见所闻一一详述，官员们大为惊叹，武帝更是嚷嚷着要尽快拿下匈奴，好跟这些国家建立外交关系。

张骞的回归给汉朝上下打了一剂强心针，他们坚信，只要消

名臣风骨

不死之酒

汉武帝晚年迷信长生不死，遣术士带数十名男女去君山寻不死药。术士回来后，号称得到了"不死酒"。汉武帝欢喜不已，正想要喝时，东方朔说："我能识别这酒的真假，陛下请看。"说完抢过酒便喝了下去。汉武帝恼怒，想要杀了东方朔，东方朔说："陛下如果杀了臣，就证明这酒是假的；如果是真的，喝了能够不死，那么陛下就杀不死臣。"汉武帝醒悟，赦免了东方朔。

灭了匈奴，等待他们的就是一片更为广阔的天地。之后，因为熟悉地理环境，张骞又几次随军出征，跟随卫青等人抗击匈奴。

他一生中共出使过西域两次，为汉朝之后的发展打开了一个广阔的空间，从那儿以后，中国的影响力开始走出国门。

向历史借智慧

做第一个“吃螃蟹”的人

张骞的西域之行实在是辛苦，作为第一个吃螃蟹的人，怎么吃、从哪儿下手，这些显然没人教，一切都得靠自己摸索。但作为开辟了一条新道路的人，无论后来者怎样杰出，人们都不会忘了领头羊。正如张骞，出使西域的成功过程虽然艰辛，结局难免不尽如人意，但千百年之后，能被人们牢牢记住的开拓者，舍他其谁？

飞将军李广

诗人王维曾在他的诗中这样写道："卫青不败由天幸，李广无功缘数奇。"卫青作为武帝时期的当红大将，在战场上百战百胜；相较而言，李广的仗没少打，却没能立下战功。由此看来，"职场"上的事风云变幻，谁都说不准。

公元前129年，卫青在奇袭龙城中一战成名，而跟他同时出征的李广却没这么幸运。当时，他是汉军中最有声望的将领，匈奴人为了夺取胜利，便将主力集中起来攻打他。

李广寡不敌众，败下阵来，还因为没来得及逃跑，被匈奴人抓住。羞愤之情自然是不用说，本来自己一直都被匈奴视为头号公敌，现在竟成了这些家伙的阶下囚。他虽无地自容，却清楚现在不是意气用事的时候，保命才最要紧。

因此，当匈奴兵走到半路上时，李广索性装死。对方不明所以，便对他放松了戒备。就在这时，他看见不远处有个匈奴小孩儿骑着马。李广灵机一动，翻身一跃，飞快地冲上去。众人还没

名臣风骨

李广带兵

李广与他同时代的名将程不识有过差不多的经历，带兵方法却截然不同。程不识说：李广带兵很简单，没有很多的军规军纪，士兵人人自便，晚上不打更不巡逻自卫，但如果匈奴突然来袭，大军没办法抵挡。程不识则治军严格，他注重部队的编制、队列和阵式，晚上打更巡逻，事务虽烦琐，却不怕匈奴来袭。但士兵们不喜欢程不识的严，都喜欢跟随李广作战——喜欢和有亲和力的人相处，是人类的共性啊。

反应过来，他就把那小孩儿推下马，夺了对方的弓箭，又纵身上马，扬鞭而去。

匈奴人站在原地，好半天才反应过来，都不由得抹把汗赞道："李广老是老了，可是动作还是这么快，跟飞人似的。"从这儿以后，匈奴人都称呼他为"飞将军"。

这个外号的由来让李广感到憋屈，从这之后，武帝就渐渐不拿他当回事了。尽管现在不受待见，但李广年轻时却曾受过文帝的青睐。有一次，文帝组织朝中的官员去上林苑打猎。大家都兴奋地拿着弓箭找目标，射杀的不是鹿就是羊，尽是些温顺无害的动物。

李广在一旁见了，嗤之以鼻："一个个的都是找弱者下手，简直胜之不武。真正有本事的人，应该跟强者对战，就算输也输得体面。"想到这儿，他便决定找只猛兽。

说来也巧，一只老虎适时出现，李广见后，索性一扔弓箭，二话不说冲上前去，跟老虎来了个近身肉搏。官员侍卫们在一旁见了都连连惊呼，嘈杂声很快吸引了文帝，他也过来凑热闹。李广的勇猛的确是常人难比的，围观的众人都为他捏了一把冷汗，

野史秘闻

李广难封

"冯唐易老，李广难封"，这句话很多人都读过。李广前后与匈奴作战四十多年，始终没被封侯。一次李广问一个算命的先生，算命的说："将军想想，有没有做过什么可悔恨的事情？"李广想了想说："我当陇西太守的时候，羌族人造反，我引诱他们投降，杀了降兵八百多人。最大的悔恨只有这件事了。"算命的说："罪过没有比杀已降更大的了。这就是你不得封的原因。"

而他自始至终连眉都不曾皱一下，只全神贯注地打虎。

文帝见状，不由得啧啧赞道："李广生在这个时代真是屈才了，要是他早些年跟随我老爸南征北讨的话，封王拜侯这种事情绝不在话下！"

到了景帝时代，李广被派去驻守边境。那时候虽然没啥大战，但小打小闹倒是常见。李广自从来到这里以后，天天忙得不亦乐乎，名望也渐渐积累起来。景帝看他干得不错，索性派了个太监过去，说是跟着他学习一段时间。大家都知道，历史上太监中做好事的没几个，做坏事的倒是不少，显然，景帝派去的这位也没高明多少。

他仗着自己是公费学习，"三天打鱼，两天晒网"不提，还时时想着立功。一天，他领着几十个骑兵离开汉军的地盘，想找几个匈奴人杀了立功。众人一路上悠闲自在，走走停停，只差停下来野炊了。

他们的运气不赖，果真在半路上遇到三个匈奴人。太监一看，高兴坏了，毕竟自己这边有几十个人，而匈奴只有三个，难道会搞不定？这功劳今天一定要拿下。他一声令下，士兵们都上前追杀这三个匈奴兵。谁知这三人是技艺高超的神箭手，几个回合下来，

庙堂真相

"腹诽"的来源

汉武帝下令制作白鹿皮币，农业部部长颜异表示反对。汉武帝很生气，张汤见到这是难得为主子出气的机会，突然有一天向汉武帝报告说，颜异见法令有不恰当的地方，不到朝廷陈述，反而在心里非议，应判死刑。——罪名就叫"腹诽"。

汉军死的死，伤的伤，那太监吓得屁滚尿流，匆匆忙忙地跑回去了。

李广得到消息后，就说要去给他报仇，毕竟打狗也要看主人嘛，好歹得给景帝挣回点面子不是？他召集了一百多人后，翻身上马，领着大伙前去报仇。他们一路疾行几十里，总算追到了三个匈奴兵。李广胸有成竹地拉开弓箭，和三人对峙。他毕竟身经百战了，再加上自身体质的优越和平时不懈的锻炼，三两下就搞定了其中两个，另外一个也被活捉。

就在这时，数千名匈奴骑兵瞬间赶到，叫嚷着朝汉军冲杀过来。众人一见，全都惊慌失措，就连马匹也开始不安起来。李广沉着地一挥手，朗声道："大家都别动，匈奴人这么多，咱们现在就是跑也无济于事，一切听我指挥。"

士兵们平时都很尊敬他，这时虽免不了慌乱，但还是听他的号令。他让众人不紧不慢地继续往前晃荡，一直走到距离匈奴兵只有二里地的地方才停下来。接着他又道："跑是跑不了了，大家不如都下来休息休息，该喝水的喝水，该吃饭的吃饭。"

士兵们听得目瞪口呆，怀疑自己的上司今天吃错了药，大敌当前居然一改往日作风，变得这么淡定。李广也不多言，径自下

社会风情

逃税要人命

汉武帝发动的汉匈之战使国家财政捉襟见肘。公元前 117 年，汉武帝任命一个叫杨可的大臣主持"告缗"，即专门成立了一个由杨可负责的机构，这个机构如同今天的信访办，接纳的人就是那些告密者。而工作内容主要是针对告发逃税的商人。三年后，汉武帝得到了以亿计的财物，田宅无数，商人中产之家破产不算，还要经历牢狱之灾。

了马，往地上一躺，跷着腿，开始看天唱歌。那边的匈奴人也觉得莫名其妙，都怀疑今天的李广若不是吃错了药，就是汉军暗地里还有埋伏，于是他们也都停下进攻的脚步，原地休息。

汉军见自己老大的这招的确管用，便都跳下马，席地而坐，战战兢兢地开始休息。李广见众人安下心来，便自顾闭目养神。众人见了，都暗自叹息："咱这老大也太不怕死了吧，匈奴人可是几分钟就能杀过来，他还敢睡觉！"

然而，匈奴人到底没追杀过来，他们见李广实在是太悠闲了，心中反倒没了底，莫非汉军那边有上万的军队？这种亏本买卖是人都不愿做。李广的一番虚实不定就这样唬住了匈奴兵，等到大半夜，汉军都一一睡下后，匈奴人便悄悄地撤走了。

李广成名还算早，但终其一生，尤其是到了武帝时期，他在事业上再难有所突破。尽管如此，他所驻守的地方，匈奴人从来不敢贸然进攻，他虽比不得卫青、霍去病等人军功卓越，但保大汉江山寸土不失却是有目共睹的。

向历史借智慧

所谓"成功"

什么是成功？有人认为能从一穷二白变成有车有房一族就是成功，有人认为实现了理想就是成功。其实真正做到这些的只是少数人，更多的人可能一生都碌碌无为，难道这些人就谈不上成功了吗？其实不然，物质并不是成功的必要条件。实现了理想，变成有钱人固然是好，但无论你最终成为什么样的人，都免不了烦恼和哀伤，苦痛也是无法避免的。能经受住各种考验，最后笑着走向死亡的人，才称得上是真正的成功。

“匈奴未灭，无以家为”

公元前123年，匈奴人死性不改，其中右贤王部率领大军进犯汉朝边境，一路烧杀抢掠，百姓们深受其害。

武帝当场就发怒了，心道：过去咱爷爷那一辈怕你，但朕可不是软弱的主，况且国家现在要啥有啥，还能怕你？于是，他命卫青等人出兵对抗匈奴，以图一举歼灭右贤王。这一次出征，卫青还带上了自己的外甥霍去病。

说起霍去病，他的出身并不比舅舅好多少。他的老妈是在平阳公主府上做杂役的打工妹，他老爸是平阳县的小县长。开始的时候，他老爸不敢对外承认自己跟公主府上的打工妹纠缠不清，所以直到霍去病出生，他的身份依然是私生子。霍去病小时候被人瞧不起是难免的，还好他是个小强人，不仅没有自甘堕落，还积极上进，这不，国家打仗，他就自告奋勇地要参加。

卫青的部队一路急行军，而霍去病在队伍里更是跃跃欲试。卫青看不过，多次劝说他：“年轻人，要稳重。”他嘿嘿一笑，

野史秘闻

霍去病认父

霍去病是平阳公主府的女奴卫少儿与平阳县小吏霍仲孺私通生下的儿子。开始，父亲不敢承认他的私生子霍去病。后霍去病做了大将军，知道了前因后果，就来到平阳（今山西临汾），向当年抛弃了自己的父亲霍仲孺下跪：“去病早先不知道自己是大人之子，没有尽孝。”霍仲孺惭愧得很，回答说：“将军认老臣作父亲，这是我的荣耀。”随后，霍去病为霍仲孺置办田宅，并将后母之子霍光带到长安。

只不断要求舅舅让自己当先锋。果然，卫青拨给他八百骑兵，让他前去打头阵。

霍去病兴奋地领了命，扬鞭一挥，八百名骑兵便跟着他一同冲出阵营，扬长而去。他毕竟是第一次带兵，激动之情难以言表，领着大伙儿一口气冲出了百余里。当发现匈奴人的踪影后，他毫不犹豫地下令："兄弟们先杀几个过过瘾，今天就是我等立大功的好日子了。"

不可否认，霍去病的影响力很大。一路上，本来将士们就受他的情绪感染，对杀匈奴一事跃跃欲试，现在他登高一呼，众人更是提振精神，嚷着要杀对方个片甲不留。当他们纵马飞驰到匈奴人面前时，对方愣是没反应过来。在匈奴人的印象中，汉人是从来不积极冒进的。

霍去病一声令下，八百名骑兵蜂拥而上，在匈奴阵营中来去自如，见人就砍，奋力拼杀。匈奴这边也不甘示弱，操起武器顽强抵抗。霍去病在匈奴军中穿梭，很多敌兵躲闪不及都丧命在他的刀下。汉军越杀越勇，士气更加高涨，不过片刻工夫，战争的局面已经呈现一面倒的趋势。

名臣风骨

主父偃的名言

主父偃出身贫寒，学识博杂，他的名言是"大丈夫生不能五鼎食，死亦当五鼎烹"，意思是就算活着不能大富大贵，死也要死得轰轰烈烈。主父偃等三人受到汉武帝接见，一番长谈后，才华令汉武帝惊叹。汉武帝说："你们都活在人世吧，怎么这么晚才来见我！"之后，三人被拜为郎中。

匈奴人被吓傻了，逃的逃，求饶的求饶。可以说，汉军们从来没有打过这么酣畅淋漓的仗，哪里舍得放过眼下的大好形势，他们心中大呼痛快，手中的刀剑越加奋力挥舞。不多时，匈奴人就惨败了。这一战，霍去病以八百骑兵大破匈奴，斩杀了两千多敌军，其中单于老大的祖父被杀死，而其叔叔也被俘虏。这一战后，霍去病扬名天下。

都说“一回生，二回熟”，他的第一次战绩就这样骄人，之后的多次战事他更是取得了非凡的成绩。单单河西一战，这个少年将军就亲率一万精兵，深入大漠，浴血奋战六天，打下匈奴的五个部落，并在皋兰山和匈奴的卢侯王、折兰王决一死战。最后，他手下的一万精兵只剩下三千多人，而匈奴兵伤亡近九千，卢侯王和折兰王也在此战中死去，匈奴的实力又一次受到了重创。

武帝很开心，对霍去病越发看重。一天，他告诉霍去病：“你为大汉打了这么多场胜仗，实在是不容易。现在朕看你年纪不小了，娶老婆生孩子也是早晚的事，所以专门给你修了一栋房子，以后你要找女人就不用愁啦。”

霍去病当场拒绝：“皇上，匈奴未灭，无以家为（还没杀光

庙堂真相

善待他人者得天下

早年，楚汉相争时，刘邦下令：军士有不幸牺牲的，各地基层官吏要为他们做好寿衣寿棺，把遗体送回老家安葬。就靠这一招，刘邦给自己招徕了大量精兵强将，其他小部队纷纷来投靠。

匈奴人，我怎么能够成家呢）。反正我现在还年轻，可以尽心尽力地报效国家，至于娶老婆生孩子这种事，等我以后年纪大了再说吧。至于房子嘛，您先给我留着，我杀完匈奴后再住好了。”汉武帝听完，心中很是赞赏，对他更是另眼相看。

霍去病的战术主要是“快、狠、准、奇”，公元前119年，他又一次发挥其战争天赋，率领大军深入漠北，边走边打，一直打到蒙古一带才暂作休整。就算是稍息，他也不愿停顿下来：“咱们好不容易走到这犄角旮旯的地方，不管怎样，都应该做点有纪念意义的事，以后也好留个念想不是？”

当然，那年代没有照相机可以留影纪念，于是众人决定在这儿的狼居胥山举行一场祭天地的典礼。仪式的领头人自然是霍去病，他拜天祭地，顺便向上苍表达了自己一定要击败匈奴的决心。他放眼望去，只见远方一片苍茫，昔日匈奴的地盘而今已鲜有人烟时，便豪迈地说：“我曾立下誓言，一定要消灭所有的匈奴人，如今这一带已经被我荡平了，看来咱们得继续深入了。”

封狼居胥之后，汉军又继续前行，匈奴人在前面跑，他们在后面追，一直打到今天的俄罗斯一带才撤回。这一战不仅使得霍

野史秘闻

皇亲犯罪也不能宽恕

许广汉，汉宣帝许皇后的父亲。武帝时，曾为皇帝侍卫，有一次，皇家卫队护送武帝去甘泉宫，许广汉误拿他人马鞍套在自己的马背上。被发现后，执法官认为，许广汉承担着保护皇帝的工作，却干出小偷的勾当，按律当斩！但汉武帝下旨，免去死刑，改为宫刑。

去病的事业达到了顶峰，还让匈奴人渐渐退出大漠，汉朝的声威也远达国外。

然而，天妒英才，公元前117年，年仅二十四岁的霍去病便因病去世。汉武帝将他的坟墓修成了祁连山的形状，以此表彰他为大汉立下的功劳。

向历史借智慧

抱怨一世不如奋起一时

都说"年轻是挥霍的本钱"，的确，挥霍的时候挺开心，但等年纪大了再回头看，后悔这种情绪多半是避免不了的。这种时候，我们总会想如果当时如何如何努力，那自己今天肯定比李彦宏还要成功呢。于是，日子就在一边抱怨一边混吃混喝中过去了。反省精神是有了，可惜少了行动，而成功最不可或缺的就是要行动。想要成功，抱怨一世不如奋起一时。

李陵投降

汉武帝时期，李广绝对算得上是活得最憋屈的将军之一，而他的孙子李陵也跟他不相上下，并且在后世人口中名声也不怎么样。

公元前 99 年，汉武帝又嚷着要派人去攻打匈奴。这一次，他让一个叫李广利的将领带兵。李陵听说后很是不满，就到武帝面前去抱怨说：“皇上，李广利虽然是个大将，但他领兵打仗的能力实在不怎么样，打匈奴这种大事情交给他实在很危险。”

武帝已当了很久的皇帝，对于权力的欲望越发膨胀，听到李陵随意指正自己，就不开心了，便道：“你说我任人方面有问题，那你觉得自己怎么样？”

李陵本身就基因优良，后天的培养也没落下，所以在当时的朝廷里，他也算是数一数二的将才了。他一听武帝这样问，就自荐道：“皇上，匈奴这些年来已经不行了，这次您只要给我五千精兵，我就能收复国土。”武帝一听，来了兴致，这才跟他商量

野史秘闻

几家欢喜几家愁

李广、李陵、卫青、霍去病，都是名将，但遭遇不同，一边郁郁不得志，另一边则吃香喝辣。李广的儿子李敢，也即李陵的叔父，一直把父亲自杀这笔账算在卫青头上，找机会打了卫青一顿，卫青很低调，没有声张。但霍去病跟舅舅卫青关系很好，一次和武帝狩猎，背后放黑枪，射死了李敢。霍去病当时正得宠，武帝只好对外界说“李敢狩猎时被鹿撞死了”。所谓历史并不神秘，其实就是类似的一连串的人与人之间的故事，真是几家欢喜几家愁。

起攻打事宜。

最终，武帝依言派出五千精兵给他，大军仍由李广利领导。李陵对领兵一事兴致勃勃，可他没想到的是，职场上最不缺八卦流言。没多久，他对其他将领的看法就传到了众人耳中。很多人为此愤愤不平，当下表示：“你李陵不是觉得自己很行吗？那好，这次打匈奴要是受了挫，找我们讨救兵，你看咱给不给！”

九月，李陵带着五千精兵踏上征途。大军走了一个月，便遇到匈奴的三万主力兵。匈奴自从武帝时期开始，就经常吃败仗，这次看见五千汉军，人人都跟打了鸡血似的，把汉军团团包围。

李陵毕竟不是个善茬，他先稳定住军心，又下令道：“排在前面的人拿盾和戟，后面的人拿弓弩，等战事一开，你们只要听到打鼓声，就奋力往前冲；如果听到敲锣声，你们就停止进攻。”众将士都高声应是。

战斗开始后，匈奴人仗着自己人多，便贸然前进。而李陵早有准备，他一声令下，士兵们有的往前冲杀，有的齐齐放箭。转眼之间，敌军的阵营便逐渐溃散，在枪林箭雨之中，匈奴兵们哪还顾得上对阵迎敌，纷纷抱头鼠窜。李陵见形势有利于己，又命

社会风情

最熟悉的陌生人

司马迁因李陵案受宫刑后，他的两个儿子司马临和司马观，怕受株连改名换姓。哥哥取马字加两点姓了冯，弟弟取司字加一竖姓了同。千百年来他们共祭一祖，互不通婚，还有“冯、同不分，冯、同不亲（不结亲）”之说。

士兵们乘胜追击，不过一会儿工夫，几千个匈奴兵就命丧当场。

匈奴人吓得魂飞魄散，嚷嚷道："汉军太猛了，只有五千人就这样，那要是等主力部队开过来，咱们还能有活路吗？"想到这里，很多人都萌生了退意。

这时，李陵军中却出了乱子。他手下有个叫管敢的士兵，因为不满上司任意辱骂欺压他，就一横心跑去向匈奴投降了。他一见到单于老大，便向对方献殷勤："老大您根本不用担心，李陵这人在职场上的人缘不好，很多官员都不睬他。这次他出兵，将领们都暗地里下决心，绝不相帮。而且您别看他刚刚打得猛，其实武器装备啥的都不多了，撑不了太久的。"

单于听得心花怒放，当时就对大伙儿笑道："哈哈，果然天无绝人之路，现在看来，人海战术再加上持久战，李陵还不手到擒来？"

等到战斗再次开始的时候，形势越来越不利于汉军，而匈奴兵见对方要人没人，要武器没武器，都放开了胆子攻杀。很快，李陵等人被困在了峡谷中。眼看军队撑不下去了，他万念俱灰，就想举剑自杀。

社会风情

汉武帝的高压统治

汉武帝时的王温舒到河内郡上任之前，就把郡内的"豪奸之家"摸了个一清二楚，至河内后，通通捉捕，共计千余家，然后奏请汉武帝将重罪者灭门，轻罪者处死，抄家没收财产。武帝立即准奏，于是王温舒大开杀戒，导致河内郡流血十余里，连鸡犬之声都听不到了。

旁边的将领见了，连忙阻止道："将军，留得青山在，不怕没柴烧。现在这五千将士已经所剩无几了，您先投降匈奴，留下性命，来日也好为我们报仇不是？况且您家上有老下有小，您留下一条命，或许还能重新回到长安，见他们一面。"

李陵听他说得有理，心中虽然悔恨交加，却只好向匈奴投降。单于倒是很开心，说："这么多年了，总算遇到一个愿意归降的，我就留着你查看一段时间，如果过关的话，你随时都可以上岗，再附赠你个老婆。"

李陵被逼无奈，只好留了下来。那边，武帝也很快得知了他兵败这件事，气得大发雷霆。没多久，前方就传来消息说："李陵那家伙打不过匈奴人，索性投敌叛国了。"

武帝十分生气，赶紧让人去打探情况。等探子回来报告，居然又告诉他："皇上啊，您还是别指望李陵了。他不仅向匈奴俯首称臣，还帮他们练兵来着，摆明了是给人家当技术工嘛。"

武帝拍案而起，怒喝道："他敢给匈奴人当技术工，朕就让他全家死光光！"于是，李陵的老妈、妻儿和弟弟等全数被杀害。

李陵到了匈奴后，才发现以前失踪了的官员苏武也在这里。

野史秘闻

自杀的大臣

马邑之战无果而终后，汉武帝非常愤怒，要处斩倡议者王恢。这时，王太后为王恢求情，希望武帝放过王恢。武帝回答说："战前王恢一再说，可以在马邑全歼匈奴骑兵，所以我才征调天下兵数十万。而且就算要不了单于的小命，王恢也可以在匈奴撤退时，打击一下匈奴嘛！可他竟然畏惧不前。这让我怎么向天下人交代！"王恢得到这个消息后，在狱中自杀。

有一次，他请对方喝酒，席间，忍不住向对方倒苦水：“我从来没有帮匈奴人练过兵啊，练兵的是另外一个叫李绪的人。本来我还想着今后能回大汉，谁知现在皇上杀了我全家，这还让我怎么回去呢？”

苏武看他凄楚难耐，便劝道：“你既然已经投降，想这么多也没有用了，一切留待日后让他人去评说吧，不过我是不会向匈奴人投降的。”

李陵哀苦地叹了一声，道：“事已至此，我是再也无法和你相提并论了。”到了公元前 74 年，李陵在匈奴的地盘上病逝，终其一生都没能再回到故土。

向历史借智慧

人际关系很重要

看老李一家人的遭遇，不由得感叹，一定要会做人！交际广，会做人，到哪儿都是热热闹闹；交际差，手段弱，到哪儿都被边缘化。今天的职场，跟李陵所处的环境仍然是相似的，要想在事业上闯出一片天，自身的硬实力固然重要，但软实力也不可或缺。什么是软实力？就是人脉。把上司哄好了，把下属团结紧了，那么不论说话办事，必要时总会有人搭把手，保证你在处理问题时事半功倍。反之，后果则很严重。

巫蛊之祸

都说“树大招风”，普天之下，除了武帝之外，最容易招来风言风语的恐怕就要属太子刘据了。公元前 91 年，在甘泉宫养病的武帝收到密报，密报声称：“太子在长安谋反！”这可是头条新闻，皇帝的儿子早晚是要做皇帝的，谋什么反？难道是嫌自己的老爸活得太久，等不及了？

无论如何，太子起兵是事实，武帝的怒气难以平息，在宫中怒吼道：“我二十九岁才有这么个宝贝儿子，到头来居然是个白眼狼！不行，朕一定要把他解决了，让他知道知道老子的厉害！”于是，他命令丞相带兵去围剿太子，武帝后期的一场血腥屠戮就这样开始了。

其实，太子刘据生性仁厚，对老爸也很孝顺，谋反这种事根本不可能发生，这一切不过是因小人江充而起。一天，武帝在睡梦中看见很多木头人手拿棍棒冲过来，想要伤害他。他躲闪不及，要反抗却徒劳。就在这时，他满头大汗地从梦中惊醒。从这儿以后，

庙堂真相

领导给大家认错

晚年丧子的悲痛和军事上伐匈奴的失利，使武帝在精神和思想上受到了严重的打击，他对自己过去的所作所为有了些悔意。公元前 89 年，武帝在轮台宫殿下了一道奇怪的诏书——《罪己诏》：说自己“所为狂悖”，伤害了百姓，耗尽了天下的钱财，很是后悔——承认了自己的错误，并表示要让天下休养生息。这是历史上第一道罪己诏。

武帝的身体状况便越来越差。

当时的汉朝，对扎小人搞巫蛊这一类的事情非常忌讳，武帝也不例外。他本来就对这个噩梦念念不忘，江充等人得知后，就给他吹耳边风："皇上洪福齐天，怎么会莫名其妙地做这种梦呢？说不定是有人在背后玩巫蛊之术，想要害您呢。"

武帝怒目一瞪："谁这么大胆，居然敢玩我！你去仔细地给我查出来！"一声令下，江充就带着一帮官兵，开始大肆地搜捕。因为这次的受害者牵扯到皇上，所以搜捕范围之广使其成了有史以来最大的案件。

江充命人在全国各地追查，从很多地方挖出了木头人。他暗道："既然皇上指派了这么好的任务给我，那我不就该好好利用一下吗？哼，我现在是看谁不顺眼，都可以指认他玩巫蛊，有谋害之心。"于是，江充只要碰到自己想加害的人，就对他们严刑拷打，还用烧红了的烙铁烙人，逼得很多被冤枉的人不得不招。

汉武帝的病情始终没有好转，江充见状，便继续劝说："皇上，我打击的力度已经够强了，全国上下该查的地方都查了，如今看来，只有您家后院我还不敢动。"

社会风情

巫蛊

巫蛊是一种诅咒之术，在宫廷斗争中很流行。巫蛊之术，其实来自匈奴民族所信仰的萨满巫术。巫蛊之术的具体方法，就是以桐木制作小偶人，上面写上被诅咒者的名字、生辰八字等，然后施以魔法和诅咒，将其埋放到被诅咒者的住处或近旁。行此术者相信，经过这样的魔法，被诅咒者的灵魂就可以被控制或摄取。

武帝轻哼一声："行，只要是能让我病体痊愈，你想查就去查吧。"江充兴高采烈地接过诏令，便开始在后宫中大肆搜捕。一直以来，他都跟太子很不对眼。随着武帝越来越老，他更免不了担心这位上司如果突然病死，那等到太子上台，自己岂不是很没前途？所以，巫蛊案件在交给他处置时，太子就注定了要被牵扯进来。

当官兵们来到皇后卫子夫和太子刘据这里搜查时，把他们的住处翻了个底朝天。江充见什么证据都没找到，便趁人不注意的时候，把事先准备好的木头人拿出来，说道："太子他们搞巫蛊之术的物证就在这里，他分明是不安好心，想跟老爸抢位子来着。我等现在就去告发。"

太子无从辩驳，无奈之下就听取了心腹大臣的建议，准备趁老爸正在甘泉宫养病，先把江充等人除掉。他对官员们宣称："江充明明是自己想造反，现在居然要诬陷本太子，今后还想跟本太子混的，今天就帮我除了他。"之后，刘据还从兵库里拿出武器，发放给士兵。

长安城霎时间风声鹤唳，武帝很快就得知儿子想造反的假消

野史秘闻

命好的女人当如此

汉武帝即位后，外祖母臧儿被封为"平原君"；舅舅田蚡被封为"武安侯"，田胜为"周阳侯"。而他的大舅王信早已经是"盖侯"。于是，百姓议论说臧儿好福气，三个儿子是"侯"，一个女儿是"后"。

息。他急忙派使者前来劝儿子收手。谁知这个使者是个胆小鬼，心道："太子都要谋反了，皇上还让我去劝和，那我岂不是砧板上的鱼肉，任人宰割吗？"

他最终没有去见太子，而是在外面晃荡了几天，就跑回去告诉武帝："皇上，您儿子是下定决心要造反了，他本来还想杀我泄恨的，幸亏我跑得快，要不都没命见您了。"

武帝咬牙切齿地说："既然这个不孝子不听劝，那朕也不留情面给他了。"说罢，他就派出大军镇压叛乱。而太子那边看老爸动粗，心里更是慌张。你想，他本来就对老爸敬畏有加，这次对方竟毫不留情地要来除掉他，心中怎会不五味杂陈？

很显然，他的心理素质和实力都没法和老爸相比，很快就败下阵来，趁乱逃亡。朝中有的官员实在看不下去了，就出来劝阻武帝说："您身为太子的亲生父亲，难道会不了解儿子的品性吗？太子天生纯良，本来就不想与人争什么，更何况您这皇位早晚是他的，他又何必急于一时呢？您身体不好，要查巫蛊案也在情理之中，但江充的话不一定都是真实的。皇上，您都任职多年了，难道不明白做下属的，有时候会为了自身利益而欺上瞒下吗？"

社会风情

郅都见死不救

郅都，敢说话，刚正不阿。一次陪皇帝在上林苑里游玩，皇帝的宠妃贾姬去厕所，结果一头野猪也闯进厕所。情况危急，皇帝看着郅都，希望他去救人，郅都不理。皇帝一气之下，拎着武器就要自己往里冲，这时郅都说话了："死一个妃子，再选一个妃子就行了，天下还少得了一个妃子不成？但皇上您要是出点事，怎么向列祖列宗和太后交代？"幸好野猪没有伤人，太后大赞郅都做得对，重赏。

武帝听完这番话后，才醒悟过来。然而，一切都为时已晚，当官兵们找到太子时，他已经自杀身亡，而在此之前，皇后卫子夫也自缢而死。武帝悔恨不已，将事情查明之后，就把江充满门抄斩，并修了一座宫殿来纪念儿子。

向历史借智慧

小人难防

从古至今，在政治与权力面前，感情是其中最为脆弱的一环。因此，想从中获利的小人们总是千篇一律地从此处找突破口，并且屡试不爽。世人都说小人难防，恐怕并非如此。我们真正应该防的不是他们，而是不要被权力欲望蒙蔽了双眼，死守心中应该深信不疑的感情，那么，就算再奸诈阴险的小人，恐怕也会无利可图了。

钩弋夫人之死

太子刘据死后，武帝心中很是凄凉。但他毕竟身为皇上，再加上年纪越来越大，不得不开始考虑继任者的问题了。

一天，他抱着最小的儿子刘弗陵玩耍，见其眉宇之间跟自己颇为相像，又聪明伶俐，便不由得赞道："这小家伙跟我挺像的。"此话一出，众人心中都有些明白了，皇上的心中怕是对太子之位有了明确的打算，而他们眼前的这个小孩儿，就是将来的九五之尊。

的确，刘弗陵后来真的当上了皇帝，可是这个皇帝跟他的祖辈们有一点不同，那就是他还没登基，老妈就被人杀死了。他的母亲名叫钩弋，死时年仅二十四岁，下令杀她的人正是汉武帝。

钩弋最开始只是个农村姑娘，虽然出身不好，但从小就是个风云人物。这不仅是因为她长得闭月羞花，人见人爱，更是因为她从生下来，双手就紧握成拳，任谁都掰不开。

有一次，汉武帝出游打猎，路过她的家乡，有专门负责占卜吉凶、观察天象的官员禀报说："皇上，这附近的天象奇异，说

庙堂真相

凡事都有因和果

因为外戚专权，所以立子杀母，历史上有很多类似的事。武帝的立子杀母给后世提供了一个先例。不过儒家讲究孝，仿效的还是少，除非不得已。倒是在北魏的鲜卑族很流行，太子的母亲都要被杀死。只有一个没被杀，后来就导致了外戚专权。到清朝时，就让皇子从小离开母亲，集中在一起养育。这一措施虽然没再杀人，但让母子分离，也够残酷的。

不定有奇女子出现呢。”

武帝一听，立刻来了兴致。武帝虽然是历史上响当当的大人物，但他的好色也是出了名的，要不怎么会在年轻时，和卫子夫玩一把爱情剧呢？现在他虽然老了，但爱美之心可是没有减退的。武帝怀着强烈的好奇心，让官员们去为他寻访。就这样，远近出名的钩弋被带到了他的面前。

钩弋的美让在场的人们都目瞪口呆，而当他们看到她紧握成拳的双手后，更是连连惊叹。武帝先是找了几个宫女，让她们把钩弋的手掰开，可不管宫女们如何用力，都无济于事。武帝看见对方浅笑晏晏的模样，一时间心痒难耐，便跨步上前道：“让朕来给你掰开。”

说来也巧，他刚一碰到对方软软嫩嫩的手，轻轻一用力，钩弋的手就张开了。只见她白皙红润的掌心中，握着一只晶莹剔透的玉钩。旁边的围观者见状，连忙拍手叫好：“皇上，这肯定是天定的姻缘，您一定要把握住哇。”钩弋很害羞，武帝很开心。

就这样，农村姑娘一夕之间飞黄腾达，坐上了后宫嫔妃的位子。要说这已经够离奇的了，但刘弗陵的出生跟她老妈相比，也毫不

庙堂真相

汉武帝这个人

武帝是一个非常多面的人。他是一个非常有头脑的政治家，深知自己的历史责任，又是一位暴君，杀伐任性。他既立下盖世之功，又给天下苍生带来巨大灾难；他宠爱他喜欢的女人，可是为了大汉江山，他又杀掉了她。他绝顶聪明，又异常糊涂，为了传说中的汗血宝马，居然不惜牺牲数万人的生命发动战争。他又是第一位使用年号的皇帝；第一次在统一的国家制定、颁布太初历，以正月为一年的开始，这一点一直沿用到现在。

逊色。一般说来，小孩儿在母亲肚子里待够十个月后，都会迫不及待地跑出来。但刘弗陵可不是这样，他足足在钩弋的肚中待了十四个月，才降生。

他刚一落地，大臣们便交口称赞，说道："据说以前尧出生的时候，也在他母亲的肚子里待了十四个月，现在小皇子也是如此，这简直就是大汉的福气！"武帝听得哈哈大笑，兴奋之余，更是大笔一挥，把钩弋夫人行宫的名字改成了"尧母门"。

"尧母门"事件让钩弋母凭子贵，而刘弗陵这个老来子更是成了武帝的心肝宝贝。现在，太子刘据已死，武帝一来是出于对汉朝江山的考虑，二来也有一定的私心，便决定让这个最小的儿子继承皇位。

武帝是个行动派，既然决定了，接下来就是安排继承事宜了。首先，武帝让人画了一幅周公背成王朝见大臣的图，并把它送给霍光，要他以后时时牢记画上的内容，不能逾矩。这其实就是临终托孤了，武帝正是看中了霍光有才干也老实，才决定把儿子交给他照顾。

这些事情解决后，他又找了个借口责骂钩弋，并把她囚禁起来。

野史秘闻

耍酒疯的岳父

桑乐侯、车骑将军上官安，是汉昭帝的岳父。有一次，昭帝将上官安召进宫，赏赐财物，并好酒好肉招待。过后，上官安对人说："在宫里，与我的皇帝女婿喝酒聊天，真是不一样！痛快！"上官安喝醉酒，就赤身裸体在家里行走。

钩弋很伤心，但更多的是不解，明明前几天对自己还和颜悦色的皇上，怎么突然间就翻脸不认人了呢？

武帝虽然对这段忘年恋有些不舍，但他毕竟是个拿得起放得下的人，顶多在心里哀叹："不是我不爱你，而是外戚专政太残酷，就是朕这样牛的人物，都在这方面吃过不少苦头。试想一下，朕怎么能让自己的儿子也受其威胁呢？"

没过多久，钩弋夫人就被人处死在云阳宫。公元前 87 年，汉武帝去世，他的儿子刘弗陵登基，史称汉昭帝。

向历史借智慧

未雨绸缪

汉武帝为了一个假想的未来危机，就把年轻的钩弋夫人杀了，这事听起来真是残忍。不过把目光放长远一些来看，此举确实是因为西汉以来，外戚横行霸道甚至欺压皇帝的情况很多，很严重。政治家总是看得远，汉武帝这也算是未雨绸缪吧。想要自己的事业取得长足的发展，立足于当下固然重要，但也不能缺少高瞻远瞩的眼光。人只有时刻保持清醒，不被眼前的利益所诱惑，才能看清事物的发展及走向，真正做到未雨绸缪。

第四章　大汉中兴

霍光其人

汉武帝在位的时候，连年征战。等到执政后期，他才意识到国家和人民已经为战争付出了不少代价。后悔之余，他就专门写了一篇《罪己诏》，承认错误，并在其中表明决心："今后，朕一定不再搞封建迷信活动，劳民伤财了；也不再随便发动侵略战争，以致人民生活水平下降。你们放心，今后大汉的发展方向是休养生息。大家只要专心于生产，等到国力恢复的一天，还是照样能过好日子的。"

等武帝一死，年仅八岁的刘弗陵登基，负责从旁辅佐的霍光就此发光发热。说起霍光，恐怕就不得不提起霍去病了。其实，他俩是同父异母的兄弟，霍去病是哥哥，霍光十多岁的时候，就被哥哥带在身边磨砺。等到霍去病去世，霍光就开始在武帝身边做保安。

霍光的保安工作一做就是几十年，渐渐地，武帝发现他不仅有真才实学，为人也很忠厚。辅佐新皇的工作就自然而然地落在

野史秘闻

汉朝人的大义灭亲

受武帝遗诏辅政的，还有一个叫金日磾的匈奴人。金日磾有个儿子，武帝很喜爱，经常把他留在身边。一次，金日磾看见儿子从脖子后面抱着武帝，没大没小的，就瞪大眼睛，把他撵跑了。后来，儿子长大，常常和宫女们一起玩，金日磾怕他淫乱后宫，留着迟早是个祸害，就主动把儿子给杀了。都说虎毒不食子，这种大义灭亲的事儿，是是非非，真是没法说得清。

了他的肩上。霍光很开心，毕竟这个自己跟随多年的上司可是视权力如命的，现在肯交权，那就说明对自己没有十分也有九分的信任了。

为了达到警醒霍光的效果，武帝又画了幅周公图给他。霍光收下后，暗自握拳下决心："咱一定不辜负领导的期望，做第二个周公。"显然，周公不是那么好做的，他刚上台没多久，下面的官员们就心生不满，暗道：你不就是一个保安出身吗？我们还是凭真才实学才爬到今天这步的呢。如果真要治国的话，难道我们会不如你？

说来也巧，宫中在这个时候发生了一些诡异的事。一时间，朝中的八卦流言不断，各种揣测纷纷登台。为了稳定人心，霍光便决定出面干涉。他把负责保管皇印的官员叫到身边来，说："现在外面人心惶惶的，我实在担心长安城会出事。你不如把手中的皇印交给我吧。如果京城动乱的话，我也好方便行事。"

那官员一听，严词拒绝道："不行，这皇印是皇上要我妥善保管的。虽然现在先皇死了，但我对大汉的忠心可没有丝毫减弱。"要换了一般人，听完这番话后，多半会恼羞成怒，没准还要找个

名臣风骨

周公是权臣的榜样

周公姬旦，文王第四子，武王的同母弟，因采邑在周，人称周公。西周初年，武王因劳累逝世，其子成王年幼，周公按照殷商兄终弟及的制度，摄政当国。但兄终弟及的制度容易引起王位纷争，为了周朝基业，周公制定了嫡长子继承制，在摄政 7 年后，毅然把政权让给了武王的嫡长子成王，完成了政权的顺利交接。从此以后，周公就成了历代辅政大臣的榜样。

机会公报私仇呢。

可是霍光不一样，他一拍大腿，开口赞道："你是个好汉！朝廷就需要你这样的人才，你好好干，我将来是不会亏待你的。"第二天，他就把这个官员连升了两级。

霍光此举赢得了不少人气，而小皇帝也对他敬重有加。一次，昭帝想封赏身边的两个玩伴金赏、金建，就向霍光提议："他们两个的父亲去世，朕觉得很可怜，要不就封他们为侯吧。"

霍光立刻拒绝："皇上，您虽然身为一国之君，但不能凭个人喜好随意封赏，要不国家就会因赏罚不分明而乱套。况且高祖在临死前，曾经下过死命令，没有建功立业的不能被封为侯。皇上，您家老祖宗的规矩，您怎么能轻易废除呢？"

无可辩驳，昭帝只好听从他的意见，打消了这个念头。霍光见对方并不是冥顽不灵的人，当下又继续说："皇上，您天天宅在家里，可能并不知道，现在百姓们的日子都过得紧巴巴的，人人都很怀念文景二帝时的生活。"

昭帝很好奇，就问他原因。霍光趁机答道："文帝和景帝在位的时候，社会安定，百姓们安心生产，不受战乱之苦，生活水

庙堂真相

吃肉不吃马肝

汉景帝时有过一场重要的学术辩论。辕固认为，夏桀、商纣残暴无道，所以商汤、周武起来革命，是秉承天命，顺应民心。黄生认为，帽子再破，也是戴在头上；鞋子再新，也只能穿在脚上。君主有错，只能劝谏，而不是推翻他。辕固当即反问：按您这么说，高祖推翻暴秦也是不对的了？最后还是汉景帝出来圆场："吃肉而不吃马肝，不算不知味；谈学问而不谈汤武革命，不是愚笨。"

平年年上升，您说他们怎么会不怀念过去的好日子呢？”昭帝深觉有理，就下定决心要恢复文景二帝统治时的和谐局面。

霍光后来的执政也秉持着这一理念，在官场上摸爬滚打了二十年，确保在汉武帝时期的连年战乱之后，国家能够休养生息，而西汉也重现了中兴局面。

向历史借智慧

驭下有方

当主管或做经理，下面管着一大批人，看起来是件很风光的事情，但人人都有一本难念的经，当领导的也有自己的烦恼。同为公司员工，职位高的总是容易招人嫉妒；另一方面，作为领导，员工闹情绪，固然使管理难度增加，但换个角度看，员工的不满情绪往往透露出公司尚有需要改进的地方。因此，想要驭下有方，最基本的前提就是：倾听人民群众的呼声。

上官桀谋反

武帝对于皇权的掌控是异常谨慎的，他虽任命霍光辅佐自己的儿子，可为了确保万无一失，还另外指派了几个顾命大臣，以此均衡权力，其中就有上官桀、桑弘羊等。

上官桀看着霍光的势头越来越猛，心里开始不平衡了。本来嘛，两人明明是一起出道的，为啥他能这么红，而我只能坐冷板凳呢？时间一长，他越发觉得不能坐以待毙，想要设法改变现状。当时，朝中还有不少反对霍光的人，比如桑弘羊、燕王刘旦等。

桑弘羊是个经济学家，武帝时期的经济发展全仰仗他的出谋划策。等他当上顾命大臣后，跟上官桀一样，开始看霍光不顺眼了。至于燕王刘旦，他是昭帝的哥哥。自从自己的弟弟当上皇帝后，他就很不爽，经常暗地里发牢骚："本王一来比刘弗陵大，二来见识学问也比他强，只是跑出娘胎的动作快了点，凭啥跑得慢的倒能当上皇帝呢？"

上官桀是个聪明人，自然清楚这两人心中的小九九。于是，

名臣风骨

上官桀表忠心

上官桀起初是给武帝养马的。一次，武帝病好后看见马匹大多瘦弱，就把上官桀叫来说："你是不是以为我就要死了，再也看不到这些马了？"上官桀吓得直叩头，说："我听说皇上圣体欠安，日夜担心，实在没心思照料马。"话未说完，流下泪来。上官桀一哭，武帝就信了，这是个忠心的好同志，于是加以提拔。

他先是想找昭帝当靠山，把自己的孙女送进宫，结果霍光出面阻止了他，并说：“咱俩现在都是辅政大臣，而且还是儿女亲家，如果您再把孙女送进宫的话，这朝中的官员肯定会有很多怨言的，将来我们就算想治国，也没人愿意听我俩的号令了。”

上官桀很没面子，知道对方绝对不会答应他，便只好另谋出路。这一次，他直接跟昭帝的姐姐长公主搭上了线，如愿以偿地把孙女弄进了宫。晋升成皇亲国戚的上官桀并没有满足，他还妄想着更高的权势地位，比如皇权在手。

他私下里联合了桑弘羊、刘旦等人，准备发动政变。公元前80年，刘旦准备上书给昭帝，在里面写道：“霍光最近在阅兵，京城一带都戒严了。皇上啊，我作为大汉的一分子，实在有必要提醒您，霍光在政坛上的权力已经够大了，如果他在军事上跟匈奴有所联系的话，您的皇位就危险了。为了保住大汉的江山，我愿意亲自进宫，时刻守护在您的身边，以防万一。”

刘旦的奏书写好后，就交给了上官桀，让他帮忙传达。上官桀很满意，心里勾画着他日废掉昭帝，再灭掉刘旦的美好蓝图，表面上却仍然笑呵呵地应承道：“燕王放心吧，您的这封奏书写

庙堂真相

汉昭帝的短暂人生

昭帝继位时才八岁，在位十三年，二十一岁时病死。在他短暂的一生中，历经了数次大风浪：在被立为太子之前，因为太子之争，已经死了好几个皇子；被立为太子之后，生母钩弋夫人被杀，而且杀其母的正是其父亲；几年后立皇后，又是刀光剑影的，最终上官家获胜，引起霍光不满；再后来上官桀等谋反，大权都掌握在霍光手里。等到昭帝终于成年，还没开始享受人生，随即病死。

得情真意切，昭帝不过是个十四岁的小破孩儿，肯定被您忽悠得晕头转向的。”

然而，出乎他们意料的是，当这封奏书递到昭帝面前时，对方竟一笑置之。第二天早上，霍光就知道了这件事，便索性连早会也不参加了，直接到挂有周公图的那间屋子里，躲着不出。

昭帝很奇怪，平时无比积极的霍光大人居然缺席，忙问道：“这是什么情况？霍光缺席，那朕这朝中不是没几个用心工作的人了？”有官员连忙上前解释，说霍光现在正待在画室里生闷气呢。

昭帝心中顿时明了，连忙让人把他请上殿，当着众人的面辟谣道：“霍大人不用担心，朕知道那封奏书是妖言惑众，您怎么可能有谋反之心呢？况且先皇把权力交给您的时候，有很多次您都可以取而代之，但您仍然尊称我一声皇上；而我的哥哥刘旦本来就没在长安，现在对长安的动静却比朕还了解，这其中不是有诈吗？”他的话音刚落，大家都纷纷跪下，山呼万岁，称赞这个少年皇帝英明。

上官桀恨得咬牙切齿，恶狠狠地道：“文的不行，咱就来武的。不就是造反吗，咱身为大汉的人，难道还怕动刀动枪！”之后，

庙堂真相

一言不合的后果

窦太后喜欢《老子》，听说辕固学问很高，特意找他来交流读书心得。不料辕固张口就把太后气得半死，他说的是：“《老子》没什么水平，不过是普通人的言论罢了。”窦太后恨恨不已，命令辕固赤手空拳进到兽圈去斗野猪：你不是能吗？你去杀头野猪来看看。幸好景帝心肠软，偷偷给了辕固一把锋利的匕首，辕固这才顺利杀死野猪。

他们找到长公主，双方协定，由公主出面请霍光吃饭，然后在席上趁机将其杀掉，接着废除昭帝。

他们自以为这件事情天衣无缝，谁知在紧要关头，长公主府上的一个官员临时倒戈，将这件事情透露了出去。霍光和昭帝很快得知真相。最终，这场政变还没等发生，就被强势镇压。上官桀和桑弘羊被逮捕归案，他们的家族也没能幸免于难，而长公主和刘旦最终也自杀身亡。从这儿以后，霍光的地位得到进一步巩固，西汉的中兴局面也慢慢呈现。

向历史借智慧

得之我幸，失之我命

事业成功固然是很多人的期许，事实是，有的时候你付出了，但不一定能获得相等的回报。是自怨自艾，还是收拾心情继续拼搏？显然，稍微有点理智的人都会选择后者。只是事到临头，心态的调节就不那么容易了。既然如此，何不在努力之前，就先作好心理准备，跟自己说一句“得之我幸，失之我命”呢。

二十七天的短命皇帝

公元前 74 年，年仅二十一岁的汉昭帝因病逝世，而他此时还没有能继承皇位的子嗣。大臣们都很着急：国不可一日无君，可现在皇上死了，儿子也没留下一个，就是想抱婴儿登基，可能性也是零啊。

这时候，大臣霍光又站出来，发令道："昭帝没有子嗣，刘家的子嗣中难道就没人了吗？只要是刘家一脉的，咱们总能从中找出一两个有贤德的，扶他上位。"

众臣见霍光都开口了，也只好应承下来，开始挑做皇帝的人选。

当时，有人提议让汉武帝的儿子广陵王刘胥当皇帝。霍光等人考察后，就给否决了，并说道："现在大汉需要的是一个安邦定国的君主，广陵王没那才，而且他老爸武帝也不待见他。可见，他就是上了台也不会有啥作为。"

终于，他们找上了武帝的孙子——刘贺。刘贺的老爸曾和一桩谋反案有牵扯，刘贺继承老爸的王位后，就一直是个偏安一隅

社会风情

男人当如此

尚方禁年轻时曾与别人的妻子偷情，被人用刀砍伤了面颊，脸上留下了一处很深的疤痕。左冯翊朱博任用他做都尉，问他："这是什么伤啊？"尚方禁如实做了回答，然后通红着脸，跪在地上请朱博饶恕。朱博笑着说："好样的，大丈夫就应该有这种事情。"

的王爷。

这次，做皇帝这样的好事居然落到了刘贺的头上。收到消息的那一刻，刘贺高兴得一蹦三尺高。其实，这个皇孙的品行并不比广陵王好多少，不过山高皇帝远的，身居长安的官员们也没法打探清楚，就把希望寄托在他身上。

刘贺急急忙忙地打点行装，还顺便带了两百个官员随行，准备给新朝廷来个大换血。这些官员中有跟他臭味相投的，但也不乏廉洁正直者。他们见自己的上司迫不及待的模样后，就劝道："现在昭帝刚刚去世，全国上下都还在哀悼呢，您就算再高兴，也不能喜形于色。都是要当皇帝的人了，好歹装装面子不是？"

刘贺看他们一副苦口婆心的样子，不由得心生反感，就捂着耳朵嚷道："你们真够啰唆的，现在这大汉上下哪儿不是我的地盘，怎么，难道我还做不了主吗？"

之后，他命令队伍日夜兼程，还说："在我这儿做事，凡事都要讲究效率，我先声明，谁要敢耽误我做皇帝，我就让他永远去不了长安城！"

将士官员们都一一领命，拎着大包小包跟随他赶路，很多马

野史秘闻

人生要有远大理想

西汉末年，军阀公孙述要称帝，又怕被人当成攻击对象，向老婆咨询意见，老婆对他说："当皇帝多好，哪怕就当一天也满足了。"公孙述于是称帝。同样的版本发生在成汉，李寿想称帝，也怕做不长久，他的妹夫说："做一天也行啊，管他长不长呢。"于是李寿也称帝。后来，公孙述和李寿都没撑多久。

匹都因此累死在路上。

刘贺太兴奋了，一路上春风得意，要不就是让人放鞭炮庆祝，要不就是命人从四处搜寻些美女来打发时间。

刘贺到达京城后，先是接受了皇帝专用的玉玺，而登基大典却因为正值大丧期间，要稍后举行。他拿着玉玺，已经高兴得说不出话来了，哪管什么登基大典，毕竟现在自己都是皇帝了，难道还会有变？

事实证明，这家伙高兴得太早了。刘贺进宫没几天，好事没做，坏事倒是层出不穷，尤以好色为甚。他一进宫，就对宫中的侍女们垂涎三尺，还暗自叹道："首都就是不一样，咱一直在小地方待着，都没见过几个能入眼的女人。现在可好了，美女一抓一大把，还个个赛过天仙。"

很显然，刘贺把长安的皇宫当作了"天上人间"，一睁眼就开始调戏宫女。

几天之后，刘贺又觉得宫女太没有挑战性，索性找上刚当寡妇的上官太后。小太后屡遭性骚扰，吓得够呛。本来她的前夫是个正经人，现在宫里居然住进来一个大色狼，这让她以后的日子

野史秘闻

让人安心的傻子

汉宣帝不放心昌邑王刘贺。于是，密令当地太守张敞，对刘贺进行全方位的严密监视。后来，张敞向皇帝报告说："昌邑王这人，就是一废柴。不但是人长得恶心，而且有一次我跟他谈话，发现他原来还是一傻子。所以，皇上大可安心睡觉！"

怎么过？短短几天，宫里就被刘贺搅得乌烟瘴气。

霍光知道后，怒不可遏，就召集大臣们一块儿商量对策。他说："我们这次真是看走眼了，找了一个无德无才的人当老大。依我看，反正现在新皇刚刚上任，连仪式都没正经办过，地位更是不稳固，咱们还是趁机把他撤了吧。"此话一出，很多官员吓得瑟瑟发抖。

有人就劝阻道："霍大人，他好歹是名义上的老大，咱们哪能说换就换？要不再让他适应一段时间？"

霍光大手一挥，拒绝道："他还在试用期就这么嚣张，以后真要地位稳固了，咱们还能像现在这样轻易撤换他吗？你们想想，我大汉建国这么多年，有遇到过这么荒唐的皇帝没有？你们觉得是让他留任重要还是祖宗的基业和天下百姓的性命重要？"

众人听后，都无从辩驳，有的官员也只好响应道："就听你的，废就废了，有啥大不了的，咱们辛苦这么久，不就图个好上司好国家吗？"

于是，霍光等人迅速联系皇太后，让她下诏不准跟随刘贺同行的两百个官员进入皇宫。霍光更是命人带兵，把这二百个官员抓起来，美其名曰"保护皇上"。

名臣风骨

编蒲抄书

汉宣帝时的名臣路温舒，少年时喜爱读书，但是家里穷，买不起书。路温舒以替人放羊为生，一天，他在放羊时看到一种蒲草，叶子又宽又长，灵机一动，采集了很多回家，将之晒干压平后，用来书写。以后，路温舒从别人家借来书，就抄写在这些蒲草上，再装订成册。就这样，路温舒有了属于自己的书本，他一边放羊，一边反复阅读这些书。长大后，路温舒做了官，并且成为著名的法律专家。

刘贺见状，便傻乎乎地上前问道："你们抓朕的手下干吗？他们并没犯错。"直到太后传召他时，他才意识到情况不对。可惜他想反抗也来不及了，一来没人手，二来没实力，太后一声令下，霍光就大步上前，把他的玉玺抢过来，递给皇太后，刘贺在做了二十七天的皇帝后，就被轰下台。

之后，他被驱赶到江西省永修县这个地方，被长期监视，直到公元前 59 年他因病去世，史称汉废帝。

向历史借智慧

是先苦后甜还是先甜后苦？

人生总有很多的不公平，就是刚生下地来的婴儿都能分出三六九等。其中，有的毫不费力当上富二代，有的却不幸沦为贫二代。初看起来，世事的确诸多不公，但人生的路很长，盖棺定论其实太早。毕竟富二代败家的居多，而贫二代更是不乏白手起家者。你在感叹上天不公的时候，倒不妨扪心自问一下：是想过那先苦后甜的日子，还是想先甜后苦？

赵广汉治京

汉宣帝年间，长安城迎来一个好市长，他就是赵广汉。说起赵广汉，在他治下的老百姓无不交口称赞。

赵广汉在当长安市的市长前，曾经在颍川当过一段时间的官。当时的颍川贪官污吏多不胜数，黑帮横行无阻，百姓们就算有怨言也不敢说。他刚刚到任，看到这样的情况，就更坚定了要改变局面的决心。

为了打击犯罪，他让人做了一个形状像瓶子，入口很小、没有出口的器具。之后，他告诉百姓们："今后有什么想说的话，都可以写成信投在这里。信件无须署名，政府保证对信中的内容严格保密。"大家都暗地里叫好，主动往瓶子里投告密信。赵广汉就这样依靠举报箱中的情报，将犯罪集团和犯罪分子一一消灭。没多久，颍川的状况便得到了根本改善。

赵广汉的名声很快传遍了大江南北，这次他当上京官，当地的百姓们都开心不已。其实，在昭帝时期他就已经在京城任过职，

庙堂真相

宣帝是个好老公

终霍光一生，宣帝对他都是言听计从，百依百顺，只有一件事例外，就是立皇后。当时，霍光想让自己的小女儿霍成君做皇后，宣帝不表态，只下了一道诏书，说我在贫微之时曾经有一把旧剑，现在十分想念它，希望大臣们帮着找回来。这把剑，就是宣帝发达之前送给妻子许平君的。于是，大家都明白了，领导想立原配妻子小许为皇后。后来许皇后被霍家人毒死，霍成君接班，立为皇后。

惩奸除恶这种事没少做。那时候，朝中有个叫杜建的官员，仗着自己人脉广、根基深，经常作威作福。杜建参加了修建陵墓的工作，从中贪了不少钱。

赵广汉发现后，便去警告他："你身为朝廷的官员，就是要效忠君主，为百姓服务，现在居然从中牟取暴利，如果再不收手的话，就不要怪我不客气了。"

杜建嗤道："别逗了，这年头当官的不贪还怎么混？告诉你吧，我上面有人，你是拿我没办法的。"本来嘛，贪官想要混得好，有钱就得大家一块儿分，人人都上了船，看谁敢告发谁？

赵广汉气得拂袖而去，开始就对方的贪污情况展开调查。谁知他刚有动静，朝中的官员们便纷纷找上门来，劝他收手。这些人当中有的出自名门望族，有的是高官权臣，有的是宫中的太监。他想也没想，就严词拒绝了这些人，并表态说自己一定会追查到底。

众人着急了，便威胁他说："你要是再查下去的话，小心有朝一日，我们让你人头不保！"后来，这些人为了阻止他办案，还试图把已经被囚禁起来的杜建救出。

赵广汉得知这件事后，就派人去知会相关人员，说："劫狱

野史秘闻

问牛知马

赵广汉善于学习和思考，会问牛知马。所谓问牛知马，是一种"钩距"法，其实是一种数学推理，比如要了解马的价格，就先问狗的价格，再问羊的，然后问牛的，再问到马，然后参照彼此的价格，比较验算，加以推测核准，这样就可知道马价的贵或贱而不会失实了。赵广汉还善于运用钩距法寻找线索，查清事情真相。长安有几个少年，到一处偏僻的空屋谋划劫人，话未说完，赵广汉已经派人来逮捕惩处，这几个少年全都自招认罪。

是犯法的，如果你们以身试法的话，我一定依法将你们灭门！”众人见此情形，为了自保，只好罢手。

之后，他让人查清了杜建的犯罪证据，依法将其斩首，并将尸体扔在闹市中示众。百姓们看了纷纷拍手叫好。赵广汉正直清廉、不畏强权的名声得到了民间力量的认可，这也使得他在治理京城时，打下了广泛的群众基础。

公元前 68 年，叱咤官场二十年的霍光去世。没多久，赵广汉就查到他家有非法酿酒、屠宰的嫌疑。要放到一般官员身上，恐怕就会睁只眼闭只眼，让这件事不了了之了。毕竟霍光人虽死了，家族的势力依然很大，就是宣帝也不得不有所顾忌。

赵广汉也不多言，当下就决定一切依法办事。于是，他带着一帮人来到霍光儿子的住所，气势汹汹地闯进去，开始地毯式搜寻。霍家哪曾遭受过这样的对待，眼看着一帮官吏小卒在自己的屋里来回穿梭，酿酒的器具被一一砸烂，门户也被斧头砍坏。

霍光的女儿知道这件事后，怒斥道：“哼，我老爸虽然不在了，但我可是堂堂的皇后，难道还会怕你？”为了泄恨，她就跑到她老公宣帝面前去告状，说赵广汉目无皇权，看自己老爸过世了，

野史秘闻

迷信害死人

汉时张丰迷信，有道人说他能当天子，给了张丰一个包裹，挂在他手肘上，说这是玉玺，要当天子就不能打开看。张丰信了，造反，后来失败被抓。到要斩张丰时，他还说他手肘上有玉玺，监斩官打开一看，原来是一块石头，张丰才知被骗，仰天长叹：“该死呀。”

就带着一帮人上门欺负霍家。

宣帝禁不住老婆的软磨硬泡，只好把赵广汉叫来，把他狠狠批评了一顿。赵广汉的所作所为虽然使民心大快，却在无形之中得罪了不少高官权臣。后来，他们中有人联合起来，给他罗织了一套罪名，判他腰斩之刑。长安的百姓们听说这个消息后，都悲痛不已。他们自发地聚集到皇宫前，跪在地上一边哀哭，一边为他送行。赵广汉虽然死了，却得以名留青史。直到今天，人们依然对他交口称赞。

向历史借智慧

利字边上一把刀

从古至今，都是当贪官易，做清官难。难就难在要做到利益当前不动摇。只要是身在官场，难免会有人上门找你办事，利益的诱惑也随之而来。即便你为官之前，下了一千个一万个不贪污的决心，但到这种时候，能坚守住的又有几人？若是心中有所动摇，倒不如多提醒提醒自己，千万无辜百姓的利益方才成就你一人的利益所得，良心何安？若是不能坚守，那就做好心理准备吧，毕竟出来混，迟早是要还的。

丙吉问牛

西汉的都城长安应该算是治安最好的地方了，即使这样，也难免会有打架斗殴的事情发生。这天，长安的街头就发生了群殴，战况的激烈就不用多说了，只是素来慈悲和善的丞相丙吉在路过的时候，居然不闻不问。

随行的人很是好奇，一向兢兢业业的丞相怎么今天来了个大变样？正在这时，众人又看到有人赶着牛经过，那头牛气喘吁吁，伸长了舌头，有气无力地缓缓前行。丙吉连忙让人停下车子，吩咐下人过去询问赶牛人走了几里路。

他身边的人便问道："丞相啊，这年头都倡导人道主义，怎么刚刚有这么多人被打死在路边，您不闻不问，现在路边不过经过一头牛，您倒爱心泛滥了？"

丙吉呵呵笑道："我们做官的要讲究各谋其位，各尽其职。刚才的斗殴事件归市长管，我怎么好插手呢？现在我看见这头牛气喘得厉害，担心天气太热。要知道，现在刚进入春天，如果天

社会风情

宣帝对官员的考核激励

宣帝对郡守等官员实行"久任制"，考核优秀的，给予颁诏嘉奖、加薪、赏赐金钱、拜爵关内侯等奖励。名臣黄霸曾因过失被贬，以八百石的官秩再度出任颍川太守，任职八年，郡中大治。宣帝下诏褒扬，"赐爵关内侯，黄金百斤，秩中二千石"。黄霸的职务虽没升迁，但是待遇得到了极大改善，这照样是对他政绩的肯定。

气炎热的话，那么老百姓今年的收成就成问题了。你说，我身为丞相，不关心黎民百姓的生计问题，不就真的枉为丞相了吗？”

在场的人一听，才恍然大悟，纷纷称赞他贤明。而丙吉正是依靠这点，才从一个默默无闻的小官成了一人之下万人之上的丞相。丙吉出道其实挺早的，在武帝时期就开始为国家的建设做贡献了，其中最为人称道的，恐怕就要属他以身涉险冒死救下宣帝一事了。

宣帝的爷爷是汉武帝的长子刘据，也就是后来受巫蛊案牵连的太子。当时的武帝正在气头上，不仅把太子全家打入大牢，还要全部斩杀。丙吉见当时的宣帝尚是一个襁褓中的婴儿，心中不忍，就偷偷救下他，还为他找了个奶妈。

后来，有会观天象的人告诉武帝：“咱们长安的大牢里有天子之气。”这话一出口，武帝就勃然大怒，心道：“朕这个当皇帝的就坐在这儿，你不说这儿有天子气，反倒说监狱里有，这不是说我大汉的江山以后不姓刘吗？”他当即下令要把监狱中的犯人统统处死。

丙吉听说这件事后，飞奔到监狱，关上大门，不准任何人进

野史秘闻

到处都是人才

丙吉的车夫爱喝酒，他是边郡上的人，熟知边塞紧急军务。一次外出，恰巧遇见边郡发送紧急公文急驰来到。车夫乘机跟随，得知敌人入侵云中、代郡，急速回相府见丙吉报告了情况。这时，宣帝召见丞相、御史，询问敌人入侵之事，御史大夫仓促间不知详情，受到责备，只有丙吉一一对答得上来。这件事后，丙吉感叹说：“人人都是人才，各有所长，就看你能不能用啊。”

去，并说：“里边有皇上的嫡亲孙，你们就是要杀一个无辜的人尚且不该，更何况是皇家的子孙呢。”说罢，他就坐在监狱门口，任凭众人威胁利诱，就是不让半分。

武帝知道后，便说：“没想到朕的儿子死了，却还留有一脉，想来这就是天意了吧。”于是，他就下令免了大牢中所有人的死罪，犯人们都对丙吉感恩戴德。

丙吉为了确保宣帝的安全，就去找长安市的市长谈收养事宜。市长知道这个孩子的来历后，连连摇头，坚决不收。最后，丙吉一咬牙：“交给别人我也不放心，不如我自己来养。”可是，他没养多久，便听说宣帝的外婆和伯父还没死，就把他交还给了他们。

宣帝即位后，丙吉对这件事只字不提。直到当年狱中喂养过他的奶妈来邀赏，宣帝才知道这件事。从这儿以后，他便对丙吉敬重有加，并封他为侯，让他担任丞相一职。

丙吉当上丞相后，仍跟从前一样平易近人。有一次，给他赶车的车夫喝醉了，趴在他的马车上呕吐。旁人见了，就说要狠狠教训一下车夫，对于这种在工作时间喝酒的“司机”，应该坚决地炒他鱿鱼。丙吉连忙摆手道：“大家都是出来混的，想要找份

向历史借智慧

春天不宜悬首

西汉边防军大将陈汤，在西域立下大功，“犯强汉者，虽远必诛”即是他的名言。他请求政府允许他把敌人的脑袋悬挂示众，以显杀一儆百之效。中央政府官员中有人坚决反对，理由是：《月令》上说，春天，是掩埋白骨和腐肉的时候，不适合悬首。

好的工作不容易。况且他不过是弄脏了我的车子，我因此开除他的话，你让他到哪儿去谋职呢？”后来，这个车夫对丙吉感激不已，还为他通报了边境遇袭的消息。

丙吉在朝为官，就这样凭着他的谦和、贤明，赢得了上上下下的称赞。他死之后，丙家的尊荣也一直延续到西汉结束。

向历史借智慧

不问小事抓根本

历史上对丙吉问牛这件事，评价不一，有人说丙吉迂腐，人命大事不管，却去管牛，也有人认为丙吉此举是大智慧。这件事也告诉我们，确实需要“取舍的智慧”。作为一个管理者，其取舍智慧，就是不要事无巨细一把抓，对于那些有人管的、岗位职责很清晰的工作，根本就不用操心，只要善于利用激励政策来调动下属的积极性就可以了。而对于那些关乎全局、看似没人管的小事，要给予足够的关注，这样就可以把大问题都解决在发生之前。

张敞画眉

昌邑王刘贺只当了二十多天的皇帝，可就算时间这么短，也有大臣向他进谏，要他改善言行举止，这个人就是张敞。他进谏之后十多天，刘贺就被迫离职，改成宣帝上台执政。

宣帝对他说："朕刚刚到任，根基还不稳。你为人正直，不如就去帮朕看着刘贺的动向，以防他有卷土重来的想法。"张敞领命后，就到昌邑王的封地上当了官。他经过一番深入调查后告诉宣帝，昌邑王是一个彻头彻尾的酒色之徒，您可以高枕无忧了。

宣帝很开心，对他的办事能力十分赞赏。后来，长安一带的治安出现了问题，盗窃案屡屡发生，京城的官员们对此都束手无策。宣帝便找来张敞，说："朕待的地方都能有这么多犯罪事件，更别说其他地方了。现在国家百废待兴，怎么着也应该先把京城治理好吧，也让老百姓们有个盼头。依你看，现在谁最适合当这首都的市长？"

张敞行了个礼，回道："臣觉得就我最合适了。皇上您看，

名臣风骨

张敞有干才

张敞画眉，千古流传，甚至被视为浪漫男人的典范，这个张敞其实很有才干。西羌战事紧张时，军粮供应紧缺，张敞建议，有罪的人只要向军队捐献粮食，就可以减轻罪刑。另一位大臣萧望之坚决反对，认为那样做是没有了是非观，这样下去，社会会乱套的。张敞说，萧望之的话在平时是好主意，但现在军队缺粮，百姓也吃不饱，为了救急，就得采取非常之策。宣帝同意了。

我一来对工作有激情，二来办事能力连您也认可。您只要让我当市长，我保证把京城的治安搞好。”宣帝答应了他的请求，当下就让他走马上任。

张敞的市长之职来得轻松，但要做好市长可就没那么容易了。他暗地里四处查访，走街串巷，找长安城的老百姓多方打探，终于查出所有的盗窃案都是由同一个犯罪团伙搞出来的，他们的领头人还是当地几个家境富裕、有一定声望的人。

既然已经抓到肇事者，接下来的事情就好办了。他先把这几个领头人叫来，对他们说：“你们的犯罪证据我都已经掌握了，现在皇上命我严查此事，我看你们也算是有头有脸的人物，如果这种事情曝光了，总是不太好的。不如这样吧，你们把同伙中的其他人都交给官府，我就免去你们的罪行。”

那几个人看他证据齐全，吓得连声求饶，又说：“大家都是出来混的，谁也不比谁强啊。现在您说要放过我们，当然是万幸了，可是咱们的团伙人数太多了，将来要寻仇咋办？您好歹也要给我们封个一官半职的，我们才好谋出路。”

张敞沉思半晌，便应允下来。这几个领头人欢天喜地地回去了，

社会风情

万石严妪

秦汉官员不同品级，对应的年俸不同，年俸都是按“石”来计，所以史书中经常提到五百石、一千石、二千石，其实是用年俸来指代官员的品阶。丞相品阶最高，是一万石，一州长官二千石左右，一县长官约五百石。张敞的好朋友严延年，一家五兄弟都做大官，所以严家老母亲被称为“万石严妪”。跟现在的一门五状元差不多。

并大摆筵席，邀请一帮战友喝酒吃饭。盗贼们不知道这是老大们设的圈套，都开心赴宴。席间，众人吃吃喝喝，没多久便都烂醉如泥。这几个领头人见状，便抓住时机，按张敞事先给他们定好的计策，在每个人的后背上都涂上红色。

等盗贼们东摇西晃地走出门后，早就守在此的官兵便一拥而上，只要后背有标记的，统统都抓了起来。之后，长安城的治安得到了根本性的改善，张敞也得以一直稳坐着市长之位。

宣帝见他把长安城治理得漂漂亮亮的，就在众臣面前给予夸奖。有的官员就不爽了，开始在皇上面前挑他的刺，说道："皇上，看人不能只看一面，您恐怕不知道吧，他身为堂堂男子汉，却没少做女人家做的事。"

宣帝很好奇，便开始打听这件事。原来，张敞的老婆小时候受过伤，伤痕就在眉角。他见老婆每天早上都要画眉，以此来遮住这个缺点，便自动请缨，说："我帮你画吧，毕竟咱是你老公，这时候不用我还要等到啥时候？"从这儿以后，张敞就在上班前给老婆画眉，这件事很快就在他的同事间传开了。

宣帝当着众臣的面，问他这件事是否属实，还道："张敞，

庙堂真相

陈万年教子

大臣陈万年苦练谄媚之术，有次生病，担心会死，就把儿子叫到床前，传授官场生存哲学。他絮絮叨叨地讲了大半夜，他儿子居然睡着了。陈万年气恼，用拐杖敲醒儿子，说："我苦口婆心教你，还不是为了你在官场上站稳脚跟，你怎么不听？"他儿子伸了个懒腰说，"父亲教诲，儿子怎敢不听。不过听了大半日，我已知道父亲的意思，就是要儿子学会谄媚人。"陈万年哑口无言。

你不会是因为怕老婆，才迫不得已要做这种事吧？”

张敞连忙摇头：“皇上，这不过是夫妻间的情趣而已，画眉并不算什么，比这更过分的多得是，不过我等不知道罢了。”

宣帝见他都把话说到这个份儿上了，也不好再多说什么了。

张敞画眉这事，虽然没在当时引起轰动效应，但为此他也付出了不小的代价——后来虽然他工作很努力，成绩斐然，但他的官职再也没得到提升。

向历史借智慧

不该轻视的小节

纵观张敞这一辈子，为了政府的长治久安着实出了不少的力，但是"艳事门"一出，前途也就没有多大改观了。这个故事再一次警告我们，小节虽小，但后果也许很严重。

杨恽之死

人活在世上，难免会有抱怨社会对自己不公平的时候，发几句牢骚是正常的，写几句反话也不足为奇。可是，偏偏有些人就因为这个，招来杀身之祸。宣帝时期的杨恽就是其中之一，他写的牢骚话使他成为有史以来第一个因为文字下狱以致身死的人。

杨恽的德行很好，重义轻利。他的亲生老妈过世后，父亲又给他找了一个后妈。杨恽谨遵孝道，像侍奉亲妈一样侍奉她。后妈很感动，死的时候专门把财产留给他。

然而，杨恽并没有将这些遗产据为己有，而是把它留给后妈所生的几个兄弟。等到他老爸过世，杨恽依然没有占取分毫遗产，而是散发给亲戚。外人见了，都劝他自己也留点，改善改善生活，他却笑道："咱对生活质量没啥要求，只要能吃饱饭、有床睡觉就可以了。"

杨恽此举得到许多人的赞赏，而他在为官上也是刚正不阿。权臣霍光逝世后，其家人不满家族地位下降，就联合起来想要谋反。

名臣风骨

《史记》重见天日

杨恽的母亲是司马迁的女儿。杨恽自幼聪颖好学，母亲就把家里珍藏的《史记》拿出来给他阅读。杨恽初读此书，便被书中的内容吸引住了，爱不释手。成年之后，还把它读了好几遍，每读一遍总是热泪盈眶，扼腕叹息。在被封平通侯时，杨恽就上书宣帝，把《史记》献了出来。从此，《史记》得以公开发行，天下人都可以读到这部伟大的史著了。

这种事要是被一般官员知道了，恐怕三缄其口都有可能，毕竟霍家当时还算得上是朝中数一数二的高门贵族，连宣帝都要给几分面子的。而杨恽则不同，他在得知这件事后，想也没想，就直接进宫告诉皇上，揭穿了一干人等的阴谋。

霍家的谋反胎死腹中，而杨恽也得以加官晋爵。从这儿以后，他更是“知无不言，言无不尽”。一次，有个官员的马车在经过宫殿时，马突然暴走，以致冲进了宫门。杨恽在知道后，就对别人说：“据说昭帝死之前，就发生过‘暴走门’事件，当时宫门被撞坏不说，马也是当场死亡。现在居然发生这种事，莫非老天爷在暗示什么。”

旁边的人听得冷汗直冒，他却跟没事人似的继续念叨。时间一长，朝中很多官员都担心他的大嘴巴会惹祸上身，便开始逐渐疏远他。而宣帝身边有个近侍做过不少坏事，担心杨恽会揭发他，索性狠下心来，跑到宣帝面前告杨恽的状，把他以前说过的话全都一一抖搂出来。

宣帝大发雷霆，怒道：“姓杨的居然敢妖言惑众，哼，朕就让他进牢里玩个够。”可怜的杨恽还没回过神的时候，就被人抓

野史秘闻

黄牛老太做皇亲

汉宣帝当皇帝后，派人四处寻找外祖母。找到后，外祖母和两个舅舅就随使者来到京都长安。当时外祖母进京坐的是黄牛拉的车，所以百姓就称她为“黄牛老太（黄牛妪）”。

进了大牢。

他在牢里过得很郁闷，等到被放出来后，官也没得做了，只能待在家里当个平头老百姓。从此，他开始变得愤世嫉俗，经常嗤笑说："以前我这么正直，结果还得不到好下场，看来正直什么的都是浮云。从今以后，我一定要改头换面，不再做从前的那个我了。"

于是，他开始收购土地、修别墅、买洋房，跟三教九流的人来往，还经常跟人喝酒取乐。他的好朋友孙会宗看不过去了，就跟他说："兄弟，你现在虽然不做官了，但并不代表以后就没机会。现在你应该好好地待在家里，做出一副真心改过的模样来，等皇上哪天想通了，还是会重新重用你的。"

杨恽不仅不听劝，还专门写信去发牢骚、吐苦水。他在信中肆意乱言，说以前真是瞎了眼，才去追逐一些虚名，结果差点害死自己。现在他早就看穿了官场中的那一帮家伙，决定要安心赚钱养家，坚决不进入官场，并劝好友好自为之，不要变得跟官场中的那些人一样贪婪卑鄙，否则只会让他看不起。

杨恽的牢骚发完了，怨气也消了不少，然而这封著名的《与

野史秘闻

赌博赢得的官职

汉宣帝刘询年轻时，跟陈遂下棋，赌钱的。刘询棋艺不及陈遂，常输得精光，还常常欠陈遂一笔账。后来刘询当了皇帝，把太原太守的职位让给了陈遂，用此官职来抵他以前欠下的赌债。所以陈遂的官，是靠赌博赚来的。

孙会宗书》并没有随着他的怒气消散，而是浮出了水面。当时，汉朝境内发生了日食，古人因为不了解天文现象，纷纷揣测着这是不是上天的启示。

有官员就此想到杨恽，便上书给宣帝："皇上啊，杨恽这人没口德，先前您给了他点教训，但他依然执迷不悟，在家里面过着奢侈享乐的日子。您说这日食，是不是他言行失德导致的？"

宣帝觉得很有道理，便让人重新把杨恽抓起来，还从他的家中搜出了这封信。宣帝看完后，勃然大怒："你既然看不起朝廷，看不起朕，拿皇权不当回事，那朕就让你知道知道朕身为天子的厉害！"

在公元前 45 年，杨恽被处以腰斩，而跟他有牵扯的亲戚、好友都一一被害，宣帝时期的这个案件，也开启了中国历史上文字狱的先河。

向历史借智慧

会说话很重要

唐太宗时期，长孙皇后去世，太宗很伤心，为了能天天看到老婆的坟墓，就让人在宫中修了高楼，邀请群臣陪他一起观望，魏徵站在高楼上，直说自己看不到。太宗着急了，便指给他看。魏徵才状似恍然大悟地说："您是让我看皇后的陵墓哇，我还以为您是让我看您老爸的呢，难怪我没看见。"太宗听后，羞愧不已，明白这个家伙是在告诫自己不要只想着老婆，而对老爸不上心，于是命人拆了高楼。

“乱我家者，太子也”

杨恽的人缘虽然不好，可他因为乱说话，而被宣帝关进大牢的时候，也是有人为他求情的，这个人就是太子刘奭。

刘奭作为一个皇子，自幼所受的精英教育自然不用多说，而他本人更是对儒家思想情有独钟。这一次，他看自己的老爸因为官员说错话，就要将其处死，便有意见了。当时，父子两人好不容易凑在一起吃饭，刘奭便在旁边唉声叹气：“老爸，您不觉得朝中的官员中，有很多都是不讲情面的酷吏吗？我觉得，咱是不是应该多用点读儒家经典的人？”

宣帝顿时拍案而起，骂道：“你这个不孝子，跟在朕身边这么多年是白跟了！我们大汉以法治国，儒家的仁义不过是个虚名罢了，只有以法治国才是立国之本，你懂不懂？”

刘奭看老爸发脾气，连忙唯唯诺诺地赔礼道歉。好半天，宣帝才长叹道：“乱我家者，太子也！”意思是说，今后会打乱我大汉治国方针的人，恐怕就是我儿子了吧。

庙堂真相

哪有不仁慈而可以坐江山的

汉宣帝看不上自己的太子，等太子做了皇帝（汉元帝）后，同样也对自己的太子看不上。汉元帝的幼弟中山哀王，从小与太子刘骜一起长大。后来哀王不幸早死，“发小”太子刘骜前去吊唁。汉元帝看见儿子，想起了小弟弟，悲伤得无法自抑。但太子却一点也没觉得伤心。汉元帝恨恨地说：“哪有人不仁慈，而可以坐江山、治理好百姓的！”

果然，宣帝没有说错，等到他去世，刘奭一上台，大汉的国势就来了个大逆转。公元前 49 年，元帝刚一登基，便向大臣们发布新思想方针：“以前朕的老祖宗们虽然嘴上说着要尊儒，可实际上儒家的知识分子并没得到重用。告诉你们，朕跟他们不一样，从今以后，法家什么的都统统靠边，朕只拜孔子一人，要大量起用儒家学者。”

皇帝一发话，下面的人都震惊了，官员们都道：“那咱们学法家、读老子，还管什么用？分明就是没前途嘛。不行，为了赚钱养家、留名青史，咱一定要把儒家的东西恶补回来。”官员们如此，而还没当官的读书人更是疯狂。本来嘛，眼下儒学成了热门专业，以后出来好就业，反正都是一样地要读书，那换了谁会不读儒家的东西？！由此，从汉武帝时期开始就叫嚣的尊儒终于得到了大跨步的前进。

由于读书人都去学儒家思想，学得好的和刚入门的人都混杂在一块儿，元帝的眼睛都挑花了，难免有一些死读书的家伙混进官员中，只满口“之乎者也”，没有丝毫处理政事的能力。朝廷在用人上，可以说是大不如前。

社会风情

狠中更有狠中手

有个叫甯成的官员，皇帝想用为郡守，有人劝阻说：“甯成这个人，做济南都尉时，对待老百姓就跟狼对羊一样，这样的人怎么可以做郡守呢。”于是改任关都尉，很快传出民谣：“宁见小老虎，不愿见甯成发怒。”可是这么残暴的人，后来被人治了，治他的人叫义纵，强盗出身，比他还狠。

元帝不光在政事方面一改前人雷厉风行的风格，在个人生活方面，也有异于常人的举动，他当太子的时候，差点就对生育后代这件事失去了兴趣。这事得从他的宠妃司马良娣说起，当时，太子刘奭的身边有十多个小老婆，他最喜欢的就是司马良娣。可天公不作美，刘奭才二十五岁的时候，宠妃司马氏就病逝了。

司马良娣死前跟刘奭说："老公，其实我命不该绝，都是您的妃嫔们嫉妒我得到了您的专宠，她们心有不甘，诅咒我早死来着。"刘奭读书读傻了，小老婆说啥他都信。从那以后，他就对其他的女人失去了兴趣。

宣帝知道后，很是着急，差人四处寻访美女给他。当时的王皇后挑选了几个女子，趁着刘奭来给老爸请安的时候，让人问他有没有相中谁。刘奭都快烦死这种相亲见面会了，随口答道："有一个还凑合。"传话的人见他坐得离其中一个女子最近，就自作聪明地以为他喜欢这名女子，便欢天喜地地去禀报了。

就这样，这个被意外选中的女子，就是历史上有名的皇后王政君。生下一个儿子，就是后来的汉成帝。刘奭当上皇帝后，又先后得了两个儿子，皇家的香火才得以延续。

向历史借智慧

文武之道，宽猛相济

汉宣帝之所以成为西汉中兴之主，这和他的治国之道是分不开的。可以说他是一个优秀的管理者，他主张严格管理和怀柔管理要并用，一手软一手硬，如果光依靠任何一手，都可能会出乱子。就好比一个公司，如果管理苛刻，时间一长，员工受不了就不干了；相反，没有制度或制度不健全也不成，因为这样的公司给人感觉就没有约束力，放纵只能促进失败。

萧望之饮毒酒

汉元帝喜欢儒家可不是天生的，关键还在于后天的培养，而培养他的就是萧望之老师。萧望之是萧何的后代，当时的大儒。宣帝受不了他满嘴仁义礼教，便打发他去太子刘奭那里当了老师。谁知他干别的不出色，做老师倒是一把好手。最后，他愣是把元帝调教成了儒家思想的忠实拥护者。

元帝登基后，并没忘记老师的栽培之恩，就让他当自己的辅政大臣。萧望之很开心，辛苦了一辈子，总算熬出头了。他暗自发誓，一定要在政坛上继续发光发热，誓把大汉打造成自己心目中的儒家大国。

他这边兴奋地谋划着治国的方略，还联合了一帮官员，准备大干一场。谁知却有人看他不顺眼了，暗骂凭啥一个读死书的人也能上位，不过就是教过皇帝几天书而已，难道就因为这样，国家的大小事你都能插手了？萧望之是个后知后觉的人，并没意识到自己已经无形中树立了政敌。这其中就有太监石显。

庙堂真相

萧望之以情动人

公元前 54 年左右，匈奴大乱，汉朝干部们认为，应该趁着敌人内讧的时候，大举出兵，将他们消灭，以解除这个大汉政府的心腹之患。萧望之不同意，他说我们去打匈奴，匈奴会跑，西边地盘大得很，他一跑我们又追不上；不如以仁义感动他们，派人带着礼物去慰问慰问，救济点物资，该帮忙的地方帮帮他们，说不定他们一感动，就臣服于我，以后再也不闹事了。

说起石显，元帝和他的关系可不是萧望之的师生之情能比的。元帝的老妈死得早，再加上他是皇子，娇生惯养，没有几个人喜欢跟他玩。就在这时候，石显顺势而入。石显很会看人脸色行事，没几天工夫就把小刘摸透，对他的喜怒哀乐了如指掌，而刘奭也渐渐对其产生了依赖感。

有皇上的依赖感做靠山的石显，和平日里在学生面前不苟言笑的萧大儒自然不是一个级别的，否则他一个当太监的，怎么能走出后宫，当上朝中的官员呢？而他找的合伙人史高也不赖，此人是元帝老妈家的亲戚，元帝和他从小就有交情，对他也十分信任。

这两人一联手，萧望之就连呼受不了，跑去跟元帝告状，说："皇上，现在的局势很不好，外戚专权，宦官乱政，再这样下去的话，国家就危险了。"

元帝便问他有什么解决办法没有，他就回道："我觉得就用儒家出身的官员就好了，其他的外戚、宦官啥的，能开的就开了吧。"元帝算是听出门道来了，老师这是要我不能用可信度最高的亲戚和宦官哪。想到这里，他很不开心，便对萧望之的建议置之不理。

石显见萧望之有所动作，为了杜绝后患，干脆也在元帝面前

社会风情

麒麟阁十一功臣

公元前 51 年，宣帝从辅佐他中兴的功臣中，挑选出十一个人，画出图像，挂在麒麟阁，以示纪念和表彰。十一人中，霍光第一，其他的是张安世、韩增、赵充国、魏相、丙吉、杜延年、刘德、梁丘贺、萧望之、苏武。后世将他们与东汉云台二十八将、唐太宗凌烟阁二十四功臣并提，为人臣荣耀之最。

嚼舌根："萧望之在朝中结党营私，想要独揽大权，皇上，为了让您的位子坐得安稳，请谒者召致廷尉。"

元帝听得一头雾水，什么叫"请谒者召致廷尉"？为了掩饰自己的无知，他还随意摆摆手，让石显看着办。过了几天，元帝发现不对劲了，就问道："朕的萧老师对待工作一向勤勤恳恳，不迟到不早退，怎么这几天都不来开早会了呢？"

石显在下面大声回道："皇上，萧大人现在在牢里吃早饭呢，恐怕来不了了。"

元帝当时就惊呼道："好端端的，他怎么跑到监狱里去了？"

石显不急不缓地说："皇上您忘了？前几天臣向您请示'请谒者召致廷尉'时，您不是答应了吗？这'请谒者召致廷尉'不就是把他抓进监狱的意思吗？"

元帝被噎得当场说不出话来，这下好了，自己莫名其妙地把老师关进监狱，就是想放出来也没有好理由了。石显岂会不了解对方心中的小九九，便抓住时机献殷勤，讨好说："我就知道皇上您不忍心。要不这样吧，您对外宣称想要从宽处理这件事，饶萧大人一命，只以罢免官职相抵就行了。"元帝一时也没有好办法，

社会风情

袭杀官员

古时候，治安不好，经常有绑架或者杀人的案件发生，更过分的是，西汉中晚期，有人竟然以袭杀官吏为乐。史载，京城长安，有些游手好闲的青年整日为非作歹，甚至敢于通过抓阄的方式来决定如何袭杀官吏。他们规定，抓到红丸的就去杀武吏，抓到黑丸的就去杀文吏，而抓到白丸的则负责给死去的同伙治丧。官府还经常抓不到人，拿他们没办法。

只好依计行事。

萧望之出狱后，并没有放弃打击石显的决心。当时，国家有个地方闹地震，他就借机上书元帝，说："国家多灾多难都是因为世风日下，朝廷中奸佞当道，只有惩恶扬善，上天才会眷顾大汉。"

萧望之的儿子见老爸出场了，也不甘落后，继续上书，要把老爸前段时间被冤枉入狱的事情给挖出来，讨个说法。石显见对方这次要下狠手了，马上予以还击，跟元帝说："皇上，现在国家有地震，萧大人不仅不主动请缨、支援灾区，反倒天天坐在家里妖言惑众，您说这应该吗？而且前段时间他被捕入狱，本来就不是无中生有的事，现在您皇恩浩荡饶了他，他倒来向您讨说法了。我看，他只记得是您的老师，而忘了自己是您的臣下。对付这种人，您一定要抓起来好好吓吓他。"

元帝很犹豫，他还是有些了解萧望之的，便迟疑道："朕这老师最好面子了，监狱已经进去过一次，怎么还肯进去第二次？到时候如果他不愿意，不会做出什么傻事来吧？"

石显在一旁轻嗤道："皇上，面子值几个钱，这年头有谁不爱惜自己生命的？"元帝听后，便咬咬牙，让他着手去办。

庙堂真相

当皇帝不是靠才艺

太子刘骜不受父皇待见，弟弟山阳王刘康有才艺，击得一手好鼓，母亲又受宠爱。于是，汉元帝想换皇太子。太子老师劝诫说："一般人所说的有才，是像皇太子那样的读书模范生。如果会几样乐器，就是有才的人。那社会上的演奏名家，都可以当大汉帝国的丞相了！"汉元帝无话可说，只得作罢。刘骜即后来的汉成帝。

他领着一大帮官兵，来到萧望之家附近，隔得老远就开始让众人喊道："姓萧的犯大罪了，快来抓住他，千万不能让他跑了。"喊了半天，他就是不下令冲进萧家逮人。

萧望之在家里听到响天震地的喊声，不由得心慌起来，哀叹道："我前几天才进过一次监狱，已经把老脸丢尽了。现在不知道石显那帮人又给我安了什么罪名，让我二进监狱，我还哪有脸活！"说着，就想要寻死。

他老婆见状，连忙拉住他，劝他不要冲动，他便又问自己的门生朱云该怎么办。朱云也是个没主意的，只说了一堆失节事大的话。萧望之叹口气道："行了，你别说了，我知道我该怎么办了。只可怜我已经是六十好几的人了，还要因为莫须有的罪名被捕入狱，光想想就没脸活了。"之后，他便找来毒酒，一饮而尽。

萧望之服毒自杀的消息很快传进宫里，元帝听说后，痛哭流涕："朕果然应该三思而后行啊，现在好了，老师也被朕给逼死了。"说完，就嚷嚷着要绝食，追随老师而去。

大家见了，都纷纷劝他想开点。石显等人听说后，便前来认错，元帝才就此作罢，继续过起他的逍遥日子来。

向历史借智慧

是打工的就别拿自己当老板

中国古代专制社会，统治者讲究的是"天下为家"，就是说天下都是皇帝一家的，其他人，不管是宰相还是将军，都不过是给皇帝打工的。既然给人打工，受点批评也很正常，而儒家知识分子却不是这样，喜欢以天下为己任，把领导的事也当成自己的事，对领导经常有一种恨铁不成钢的感觉，这就是历史上不断有大臣被杀的根本原因。他们错就错在真不把自己当外人，一个打工的拿自己当老板了。

虽远必诛

大汉从武帝时期开始，匈奴人的锋芒就渐渐收敛。尽管如此，还是会有一两个跳出来高呼要改变命运的人，这其中就有从宣帝时期崭露头角的郅支单于。

当时，匈奴外部有大汉的侵压，内部也在搞分裂。跟郅支单于对峙的就是呼韩邪，后者属于比较有政治眼光的人，早早就投降了大汉，寻求庇护。郅支见对方发展得越来越好，心理不平衡，在见到汉朝派来的使者后，更是一怒之下把人给杀了。

郅支之后清醒了，暗自后悔道："大汉那边不是好惹的，我竟然一个冲动，把他们的使者给杀了，这不是明摆着告诉他们我要对抗到底吗？再加上呼韩邪那家伙也是汉人的走狗，他们要是联合起来，两路夹击我的话，我不是死定了？"于是，郅支当下便决定——逃！

说来也巧，康居国那边派人来请郅支，说是要让他帮忙打乌孙。郅支二话不说便答应下来，率领着虾兵蟹将们离开营地。一路上，

庙堂真相

不乖的孩子有糖吃

生活经验告诉我们，不乖的孩子和乖孩子比起来，更容易从父母那里要到糖吃。陈汤在西域的表现就称不上乖孩子，但结局不错，陈汤也得以实现了出人头地的梦想。但不乖也可能引发坏结果，陈汤年轻时在长安流浪，被人推荐给汉元帝，恰在这时，陈汤的老爸去世了。在这种情况下，乖孩子会立刻回家奔丧，但陈汤不是乖孩子，他舍不得错过攀上皇帝的这次机会。事情很快被曝光，陈汤名誉扫地，还被逮捕。

他的军队遭遇了恶劣天气，中途落跑的匈奴兵多不胜数，等到达康居的时候，大部队也只剩下三千来人了。

郅支一卷袖子，豪情万丈地说："三千人就三千人，咱匈奴人啥时候怕过打仗？那些乌孙的小喽啰遇到我等，还不手到擒来？"于是，他一声令下，匈奴骑兵们快马扬鞭，在沙场上来回驰骋，没多久就把乌孙人打得落荒而逃。

康居国的国王见他大胜而回，当场就把女儿许给他当老婆，郅支也把自己的女儿送给康居国王，双方就此结盟。郅支为了求取发展，在当地修了一座城，还带着士兵们四处烧杀抢掠，周围的小国家都敢怒不敢言。

郅支的生活过得挺滋润，可汉朝这边有个人却按捺不住了，那就是陈汤。陈汤当时奉命出使西域，听说郅支随意杀害汉朝的使者后，就怒骂道："这家伙连我们的使者都敢杀，杀了不认错不说，还直接跑了，明显是欠收拾嘛。哼，你既然敢这么猖狂，爷爷我就敢追凶万里，以挽回我大汉的面子。"

之后，陈汤和当时身在西域的官员甘延寿商量说："郅支不仅杀了我们的人，还把西域各国搅得天翻地覆，咱们应该趁他现

社会风情

昭君出塞

郅支单于死后，呼韩邪单于第三次入长安朝汉，并表示愿娶汉女为阏氏，这才有了昭君出塞和亲。元帝认为这次政治联姻可使"边境永无战事"，就从当年起把年号改为"竟宁"，意思是边境安宁。呼韩邪单于封王昭君为"宁胡阏氏"，意思是"匈奴得到昭君，国家就安宁了"。从此，汉匈之间长期的战争状态宣告结束，双方一直保持着友好的关系。

在根基还不稳、羽翼未丰，率领西域的兵马和乌孙国的军队，将他一举歼灭，以除后患！”

甘延寿可不是个急性子，听了这样让人热血沸腾的事情，仍然边喝茶边说：“你不要着急，就算你的想法是对的，咱们也应该先写封信，跟皇上说一声，让官员们开会讨论一下，等中央决定了再行动嘛。”

陈汤看对方慢悠悠的样儿，就气不打一处来，当下质问道：“我们现在要做的是为国为民的大事，你怎么还讲这么多虚礼？真要等到那时候，整个西域恐怕都是郅支一人的了。”

两人的意见不合，最终没能达成共识，而甘延寿很不凑巧地在这时候病倒了。等他在家休养几天后，有一天，忽然听到屋外人声嘈杂，便走到外面去看发生了什么事。不看还好，一看真把他吓一跳，只见远处是黑压压的军队，士兵们都精神饱满，而陈汤就站在校场上检阅。

甘延寿的病当场就给吓好了，失声叫道：“陈汤，你这个家伙，召集兵马这种大事都不先跟我商量一下吗？”

陈汤也不搭理他，直接朗声对着一干士兵道：“郅支那家伙

名臣风骨

不摆架子才是好官员

西汉末年，朱博到山东某地当太守。当地的官员有摆架子的习惯，每当新长官上任，这些官员从不去迎接，也不去报到，而是等着太守来慰问，恳请之下，才会出来办公。朱博听说后，火冒三丈：“这些人难道想把这种毛病当成风俗习惯传下去吗？”把那些摆架子的官员统统罢免，这些官员后悔也来不及了。

不仅杀了我们汉朝的使者，现在还在西域一带为非作歹，我现在召集你们，就是要去声讨他。我们要让他知道：明犯强汉者，虽远必诛！”他的一番慷慨陈词刚毕，队伍中就爆发出阵阵叫好声，将士们群情激昂，嚷嚷着要去找郅支算账。

甘延寿见状，再也淡定不了了。他心中五味杂陈，嘟嘟囔囔地说：“事已至此，看来我也得上阵了。”于是，他俩就领着四万多临时凑起来的兵马上路了，而陈汤更是打着汉朝皇帝的招牌，告诉沿途的人他们是要去打仗。

那些西域的小国家听说是大汉出面，都欢天喜地地迎接他们，还出人出力，高喊着要一起去报仇。其中，康居国的人最为热情。因为郅支看自己的实力越来越强，就开始不搭理康居这个昔日的老亲家，甚至还把康居王的女儿给杀了。

随着队伍越来越壮大，士兵们的情绪越发高涨，等到了郅支的城池时，震天动地的吼声更是把城内的匈奴兵吓得心惊胆战。郅支毕竟是见过大场面的人，当下就给手下们壮胆：“有啥好怕的，攻城这种事情是最困难的，咱们只要跟他们耗上几天，这帮乌合之众肯定会撤退的！”

社会风情

浪子回头金不换

西汉人王吉年轻时求学长安，东家邻居有棵大枣树，枝杈长到了王吉的庭院中，枣子熟了，王吉的妻子就从树上摘枣给丈夫吃。王吉知道后就把老婆给休了。邻居看到这个家庭的破裂，认为是那棵枣树的罪过，要把它锯掉。可很多邻居都认为锯掉树太可惜，于是一致请求王吉把妻子迎回来，恢复婚姻，东邻也就不用伐树了。王吉听从了众位邻居的劝告，与妻子重新结合。

然而，不管郅支如何骁勇善战，等到战争一打响，双方高下立分。匈奴兵的士气本身就不如对方，在人数上更是处于弱势，看到城外的几万兵马，他们当时就有些腿软了。直到对方攻城，那黑压压的人群更是充满威慑力，战争的结局不言而喻。

郅支在这场战争中丧生，而陈汤回国后，虽然有不少官员看不惯他的做派，但元帝仍然封他和甘延寿为侯，大加封赏。

向历史借智慧

成功的关键在于选择

每个人都渴望成功，但为什么不是每个人都能成功呢？关键就在于选择。就好比说，人生就像一杯苦水，而大多数人都会选择把这杯苦水用一辈子喝掉，一天喝一点。但有的人就会忍受痛苦用几年时间把苦水喝光，以后的日子就可以不再喝苦水了。我们每天上班下班，一辈子到底能得到什么呢？只不过是退休后的一点退休金而已。成功的人总是会想别人没想到的，做别人没做的，所以结果一定不同。就像陈汤坚持讨伐郅支一样。

第五章　未央落日

王凤专权

汉元帝的败家，不光体现在一改祖宗的治国方针上，还体现在他搞计划生育上，少生是做到了，优生优养却远远没做到。他死后留下三个儿子，先继承皇位的是长子刘骜。公元前 33 年，汉元帝去世，太子刘骜登上皇位，史称汉成帝。

成帝刚一登基，就决定要给朝廷来次大换水。首先，他把自己的大舅王凤扶上台，让其总揽朝政。说到这，就不得不提成帝的老妈——皇后王政君了。王政君虽然跟老公汉元帝的关系不好，但在教育儿子上可没少下功夫。

她经常教导儿子说："儿呀，你看你老爸，用了一帮儒家的知识分子，把国家搞得乌烟瘴气不说，还用后宫的太监当官，使得朝堂上也晦暗不明。你以后要是当了皇帝，可千万别学你老子。你老妈我就觉得，用自己人做事是最放心的，你看你这几个舅舅，能力不差吧？而且你小的时候他们待你也不薄，今后你就用他们吧。"

庙堂真相

成帝：差点被废的皇帝

成帝出生时，宣帝喜出望外，亲自给孩子起名叫刘骜（骜者，千里马也），还常常把这个孙子带在身边，寸步不离。但刘骜长大后却成了个酒色之徒。在元帝的幼子中山王刘兴病故时，刘骜前去吊唁，脸上却毫无戚容。这太不符合元帝倡导的儒家道德了，几次想废掉他。亏得外戚史丹与太子关系紧密，保驾护航，才最终护住了刘骜的太子之位。

成帝对老妈的话言听计从，也认为自己人用着放心。就这样，他在把大权交给王凤的同时，还在一天之内把其他几个舅舅也都封为侯。早在西汉建立之初，高祖刘邦就明令没有功劳的不能封侯，可是到了成帝这儿，老祖宗的话已经不管用了，老妈的话才是真理。

就这样，王凤作为王家第一个担当重任的人，走上了中央的政治舞台。他一上任，就仗着自己有太后和皇上撑腰，恣意妄为。官员们见王凤翻身做了主子，都纷纷倒戈，投奔在他门下。有个叫王章的官员看不过去，就站出来，试图要改变这种现状。

王章其实是王凤举荐的人才之一，不过他并没有依附对方，而是在皇帝面前正义直言：“皇上啊，您重用外戚本来就是诸位先皇最忌讳的事，而您重用的这一位更是其中的败类。他不仅在朝中拉帮结派，处理政事也是一塌糊涂。臣觉得，为了国家考虑，您最好还是换个有才能的人。”

当时的汉朝，连年发生日食、地震等天象灾害，人心本来就很不安。成帝听后，内心警醒。王凤着急了，连忙找个由头把王章关进牢里，没几天更是把人杀了了事。从那以后，朝中的官员们再也不敢说真话，人人只求自保。

庙堂真相

皇帝不如大将军

成帝时王氏外戚当权，大将军王凤，是汉成帝的母舅。有一次，成帝想任命宗室刘歆为中常侍，可左右的人劝诫说：“还未通知国舅大将军呢！”成帝说：“此小事，不必告知大将军！”左右磕头论争，成帝只好派人告知王凤，王凤不同意，成帝只得作罢。

正如王章所说，王凤虽然独揽大权，但在处理政事方面一塌糊涂。有一年秋天，陕西省下大雨，民间就开始谣传洪水要把长安城给淹了的小道消息。这话一传开，百姓们都按捺不住了。成帝也不淡定了，迅速召集群臣商量对策。

王凤作为朝廷百官的一把手，理所当然地要发表处理意见。他想了半天，得意扬扬地说：“大家不用担心，洪水来了，咱们可以坐在船上嘛。至于老百姓，可以爬到城墙上去躲避，有啥好担心的？”他话一说完，群臣开始鼓掌，都夸他脑袋瓜儿聪明。

这时候，大臣王商站出来，大声驳斥道：“咱们长安城的风水好，这是大家都知道的。再者说，长安的地势相较其他地方都偏高，难道洪水会在一日之间暴涨进城吗？我觉得这多半是谣言，皇上应该先安抚民众，把这件事情调查清楚再说。”

成帝派人去追查此事，发现事实果真如王商所说。王凤觉得很丢脸，后来使计把王商免官，赶出了朝廷。

向历史借智慧

嫉贤妒能后果很严重

王凤没有本事吧，还没事就想千方设百计地去迫害比他强的人，生怕别人抢了自己的位置，结果使本就不稳的国家更加混乱。其实在生活中像王凤这样的人大有人在，某同志工作能力较强，这时候就有人会出来讲：该同志这不对，那不行，因为说话的人很清楚自己工作能力不强，千方百计地不让别人比他强。

一只燕子来

成帝自从继承老爸的位子后，日子越过越清闲。你想想，国家大事有舅舅们管着，后宫的女人有老妈料理着，他还能干什么呢？除了吃喝玩乐，还真的没啥需要操心的了。

于是，一帮想讨好他的狐朋狗友开始聚集在他身边，隔三岔五地带他出宫，美其名曰“体验生活”。时间一长，京城里好玩的地方都让他们逛了个遍，成帝又开始叫唤无聊了。为什么？当然是因为没找着美女了。俗话说得好：“家花没有野花香。”成帝在逛遍京城的大街小巷后，依然没找到自己看得上眼的野花。

郁闷之下，他就跑到姐姐阳阿公主家去做客。如果要问西汉的皇帝，哪里盛产美女？武帝肯定第一个站出来回答：当然是公主姐姐家了。成帝对此也深表赞同，因为他就在这里遇到了自己一生中的最爱——赵飞燕。

赵飞燕出身贫寒，最开始的时候不过是在公主家里干杂工，后来公主想排练歌舞，她就幸运地被选进了歌舞团。赵飞燕的身

庙堂真相

成帝的美女们

吃春药而死，这是成帝一生中最让人印象深刻的一件事。成帝当上皇帝，最初宠爱许皇后，不久就移情别恋爱上了班婕妤，班婕妤美而不艳，丽而不俗，还不“好妒”，又进献了一个美女李平给成帝。成帝于是又喜欢上了李平，封为婕妤，赐姓卫。但成帝的爱情不能长久，他又去宫外寻求刺激，邂逅了绝代美女赵飞燕。赵飞燕又引进妹妹赵合德，姐妹俩齐上阵，最后给成帝喂春药，春药过量，成帝就此做了风流鬼。

材很好，骨骼又软，在跳舞方面的天分简直就是一等一的好。

成帝来到姐姐家里，看歌舞这种事自然是免不了的。等到赵飞燕一出场，她的曼妙舞姿再配上好几次回眸一笑，那千娇百媚的模样顿时就抓住了成帝的眼睛。他连忙抓住阳阿公主的手，问这女子是谁。

阳阿公主如实相告："你看人家顾盼生姿，身若细柳，跳舞时又似燕飞翩跹，当然是叫飞燕了。"

成帝听后，当场就说要把她带回宫。这种时候就可以看出来，陈阿娇那样的皇后也是有其存在的合理性的。如果她生在此时，成为成帝家里的母老虎，相信成帝也不敢这么嚣张，说带就带回宫。可惜，宫里的皇后没有阿娇附身，成帝也不是汉武帝，而赵飞燕更不是卫子夫，所以汉朝的宫廷从这一刻起，被这个女人搅得乌烟瘴气。

赵飞燕从小没少看人的脸色，也因此，她的为人处世的能力可不是宫里那帮女人能比的。她刚一进宫，就得到成帝的专宠，当上了妃嫔。皇后看自己的老公不重视自己了，就去找婆婆诉苦，说："婆婆，您是最了解媳妇的人了，俺公公当年不也是正眼都

名臣风骨

最有才的美女

汉成帝宠妃赵飞燕，诬告班婕妤、许皇后等，在后宫搞巫术诅咒自己和皇上。拷问班婕妤时，她对成帝说："臣妾听说'死生有命，富贵在天'。一辈子积德行善都不一定能得到福分，搞那些巫术还能求来福分？假如世上有神明，它不会接受这种非分的请求；假如没有，做这种事有什么好处？所以，这种事，我从来就没干过！"成帝觉得有道理，不但没问罪，反而赏赐她黄金百斤。婕妤是皇帝妃子的职称之一，班婕妤是汉代著名的女作家之一。

不看你一眼的吗？现在轮到媳妇了，您一定要帮我想办法。”

王政君可不管这么多，只说：“咱儿子可是皇上，能多娶几个老婆就要多娶几个，况且你们结婚这么久了，我都还没抱上孙子呢。有本事你先生一个给我，要不就别在我面前提争宠。”

皇后很郁闷，可也只能怪自己的肚子不争气，说什么都是白搭。而赵飞燕为了抓住成帝的心，更是把自己的妹妹赵合德也领进宫，姐妹两个一同上阵，霸占了成帝的全部注意力。皇后的姐姐就出主意了，说：“这样下去，你老公的眼里怕是容不下你了。依我看，咱们不如请巫婆扎小人，把赵氏姐妹给弄下台。”

玩巫蛊这种事在汉朝皇帝那里是万分忌讳的，可情急之下，皇后竟也答应了。她没想到的是，小人还没扎上，这件事就传到了赵飞燕那里。当时，宫中上下见皇后失宠，都去当了赵飞燕的走狗，就连皇后也变得没有秘密了。成帝当时被赵氏姐妹迷得晕头转向，听说大老婆居然搞迷信，一气之下，就把她轰到了冷宫。

之后，赵飞燕当上皇后，便和妹妹开始考虑生儿子的事了。她俩虽然跟在成帝身边很久了，却一直没有子嗣，两姐妹一商量，便道：“肯定是咱俩的老公不行，为了将来能继续过好日子，有

社会风情

大忽悠早晚得出事

汉成帝时，山东人甘忠可伪造了《天官历》《包元太平经》十二卷，宣称“汉家的寿命已到终点，老天会派真人下凡来教我道术，让我完成天命”。甘忠可正在紧锣密鼓收徒时，地方官把他捉了去，上报朝廷说他妖言惑众。汉成帝还没有来得及审问，甘忠可就病死在狱中。

儿子当靠山，咱可不能吊死在一棵树上，要不向外发展发展？”

于是，赵飞燕告诉成帝说，自己想修一间密室，用来供奉神明，求个儿子啥的，成帝欣然应允。之后，她和赵合德就经常在密室中和一些男子私会，意图借种生子。纸包不住火，赵氏姐妹淫乱后宫的事很快被人知晓，有胆大的人就跑去告诉成帝，说他戴了绿帽子。

不料，还不等成帝追查，赵合德就先对他说：“我姐妹俩深蒙皇上厚爱，很多人都因此嫉恨我们。他们为此经常造谣生事，说我们姐妹跟男人厮混，亲爱的，你要是听到了这种话，可别相信。”

深陷爱情中的人智商都为零，显然，成帝也不例外，他对赵氏姐妹的话深信不疑，也就不再追究这件事了。

宫里被这两姐妹搅得天翻地覆，宫外的百姓们也多多少少听了些花边新闻，就编了首歌谣，讽刺道：“燕燕尾涎涎……燕飞来，啄皇孙，皇孙死，燕啄矢。”歌谣说得没错，赵家姐妹的到来使成帝当了个断子绝孙的君王。

这两姐妹借了半天的种，最终也没能怀上，倒是成帝偷偷临

名臣风骨

爱玩的玩，爱学的学

张禹有两个弟子，都很有成就。一个叫彭宣，官至大司空；一个叫戴崇，官至少府。彭宣为人，恭顺俭朴，讲原则，而戴崇为人，平和快活爱玩耍。做老师的，心里喜欢戴崇，能玩到一块儿，敬重彭宣，但又疏远他。所以每回戴崇来，师生两人喝酒玩乐，深夜才结束；彭宣来的时候，师生两人都是谈论经义，吃饭也不过是一碗肉一杯酒，简单朴素。——一个人如果太正经、拘谨了，的确让人难以亲近啊！

幸过的女子怀上了。姐妹俩气急败坏，在成帝面前一哭二闹三上吊，成帝为了讨好她们俩，索性就把外遇对象和儿子一块儿杀了，还在她们面前赌咒发誓：“你们一定要相信朕，朕现在就爱你们俩，江山什么的都是浮云。”

就这样，赵氏姐妹依仗着成帝的宠爱，在西汉的后宫中恣意妄为，直到成帝去世。

向历史借智慧

不怕没好事，就怕没好人

有些人好像天生就是为了兴风作浪而生的，一旦得势就开始胡搞乱搞。也该着成帝倒霉，本来娶个漂亮老婆是件好事，按理说吧，这日子该是越过越美满，结果呢，就是这么只“燕子”，搞得成帝大老婆也不要了，自己的儿子也弄死了，最终真就是家破人亡。

朱云拉坏护栏

古往今来，但凡皇帝没啥作为的时候，下面的一帮臣子都不得消停，而成帝时期也是如此。

成帝因为听老妈的话重用外戚，国家大权就渐渐被王家人把持，而他的几个舅舅恰好没读过几本书，那些治国理论在他们而言，简直就是比天书还要让人茫然的东西。这下倒好，理论没法联系实际，加上他们重用的一帮臣子也没几个真心为国的，时间一长，元帝时候本来就下滑的国势更是衰微。

这时候，有些正义之士看不过了，准备出来点醒皇上，要他赶紧改变现状，其中最出名的就是朱云。前面说到，萧望之死的时候，曾经征询过别人自己到底死不死，那个人就是朱云。

朱云看不惯成帝时的乱局，知识分子的热血便沸腾起来了，于是，他先给成帝打了个报告，要求见对方一面。成帝是个好说话的人，当即便答应下来。

这一天，皇帝照样和朝廷的官员们开会商量国事，朱云慢慢

庙堂真相

柿子要拣软的捏

朱云选择向张禹开炮，其实是很聪明的。张禹虽是帝师，但并不像王凤等那样权势倾天，吃了亏不会像王凤那样疯狂报复。张禹身为丞相，是国家大政的制定者和实施者，国家搞成这样子，不能说他没有责任。但朱云这么做，怎么也有点打苍蝇不打老虎的味道。可见要想把危险程度降到安全系数以内，一定要拣软柿子捏呀。

地走了进来。他先行了礼，然后朗声道：“皇上，现在朝廷的官员都是一帮混吃混喝的家伙，他们上不能辅佐您成为英明的君主，下不能让老百姓过上好日子。朝廷中结党营私、贪赃枉法这些事层出不穷，为了改变这种局面，我现在恳求您把尚方宝剑赐给我，我要斩其中一个佞臣，杀鸡儆猴！”

成帝一听，顿觉振聋发聩，心中还残存的最后一点对工作的激情被激发出来了。他连忙问道：“你要斩谁？”

朱云字正腔圆地回道：“安昌侯张禹！”话音刚落，众人都倒吸一口凉气。张禹是谁？他可是成帝的老师，都说“一日为师，终身为父”，这关系和舅侄的关系可说是不相上下了。

成帝本身也算是个重感情的人，对师傅非常孝顺，只要有好吃的好喝的，都会让人给师傅留点；如果张禹有个头痛脑热啥的，成帝更是不辞辛苦，亲自登门探望。正因为如此，张禹在朝中虽然不像王家人那样呼风唤雨，但地位也是不差的。可就是这么个为人师表的官员，也曾经为了儿子向成帝讨官做。成帝很大方，当时就答应了。本来嘛，自己的皇权都能拱手让给舅舅，一两个官位算得了什么？

野史秘闻

替死鬼丞相翟方进

公元前 7 年的一天，西汉的天空出现了异象，光耀汉王朝的火星竟然失去了往日的光彩。一时间人心惶惶，都认为皇帝将有不测了。成帝也紧张得不行，就听了一位官员的话，找一个大臣做替身。成帝当即召来丞相翟方进，让他为国尽忠。翟方进精神恍惚地回到家里，成帝又送来催命书，把翟方进大骂了一顿，说他丞相当得不合格，以致政事紊乱、天灾不断，要他自己看着办。翟方进没办法，只好自杀了。

现在，朱云叫嚷着要杀张禹，成帝立马就发飙了："姓朱的你也太胆大了，居然敢杀朕的师傅，来人，把他拖出去杀了！"

在场的卫兵们一拥上前，就要把朱云抓出殿外。说时迟那时快，朱云迅速抱住大殿上的栏杆，任凭众人如何使力，他都死活不松手。果然，性命攸关之际，人的潜力是无穷的。

卫兵们奋力拉扯着他，愣是把栏杆都拉断了，朱云依然紧紧抱着栏杆，大呼道："我死就死了，不过有幸能跟龙逢、比干（夏、商时因说真话而被杀）那样的忠臣相见，也算死而无憾了。只是不知道咱们大汉今后会变成什么样啊！"

成帝听了朱云的这番话，很受震动，有的官员也看不下去了，连忙跪在地上，边叩头边为朱云求情："皇上，读书人本来就爱发牢骚，您千万不要往心里去。如果他说得对，您就随便听听；如果不对，您也该容忍他，否则时间一长，就没人敢在您面前讲真话了呀。"

成帝这才摆摆手，让在场的卫兵都散了，而朱云也得以保全一命。后来，负责搞宫廷修缮工作的人就问成帝："咱们宫里的栏杆被拉坏了，皇上您啥时候下旨，我们才好把它修好。"

名臣风骨

汉代孔子扬雄

扬雄被后世誉为"汉代的孔子"。他从小口吃，常静默，爱沉思，后来以赋名于世，是司马相如之后最重要的赋文作家。扬雄死后，大司空王邑、纳言严尤问学者桓谭："您认为扬雄的书能流传后世吗？"桓谭感叹："一定能，但你我是看不到了。世人都是觉得过去的人如何厉害，却看不起同时代的人，以为这个人地位一般，长相也不咋的，其作品也就被轻视。"——桓谭的话很有道理！

成帝沉吟半晌，异常坚定地回道：“不用修了，就让它维持现状吧，正好用来表彰一下犯颜直谏的忠臣们。”

由此看来，一向庸碌无为的成帝也不是没有可取之处，只是朝中的局面发展至此，许多事恐怕已不是他能够掌控的了。

向历史借智慧

作秀之后还需要点实际行动

成帝一向平庸无为，这会儿在下属面前作了一把秀，成功地搞了一个形象工程，然而就是光有口号没有行动，这就比较让人鄙视了。一句“不用修了，就让它维持现状吧，正好用来表彰一下犯颜直谏的忠臣们”，似乎很坚决，但表完态后就没了下文，该忙啥就忙啥去了。这样的作秀就算很成功，效果也不会长久的。

哀帝的“断袖癖”

汉成帝死后，因为没有子嗣，就由他的侄子刘欣继承皇位，史称汉哀帝。哀帝刚一即位，朝堂和后宫就变得热闹起来。为什么？当然是因为皇帝亲戚太多，大家都想分一杯羹。以前的王政君皇太后现在依然活着，而她当年的情敌——傅昭仪——是哀帝的奶奶，哀帝的亲生老妈那边也顺势上位，再加上赵飞燕也升级成太后，后宫真是乱了套。

这下可好了，皇城中一下子多出了这么多皇亲国戚，花边新闻屡见不鲜，而百姓们在免费看戏的同时，就连上街也变得提心吊胆起来。这些外戚为了显示自己的家更为尊贵，摆阔、蛮不讲理这些事层出不穷，百姓们很闹心，就连坐在皇位上的哀帝也不好受。亲戚今天朝他要地，明天向他讨官做，他哪边都不好得罪，最后劳心劳力的就成了自己。

此时的哀帝在心灵上是很脆弱的，而董贤的适时出现，改变了这一局面。哀帝还是太子的时候，董贤就在他手下做事了，只

野史秘闻

分桃之爱

春秋时，卫灵公和弥子瑕这两个男人惺惺相惜，深深爱着对方。一天，弥子瑕在果园里摘了一个桃吃，感觉说不出的甘甜，就没再动嘴，把剩下的献给了卫灵公。卫灵公感动不已：“亲爱的，你对我太好了！什么好吃的都舍不得吃，留给我。”可等到卫灵公移情别恋时，就跟弥子瑕秋后算起账来：“弥子瑕你太恶心了，什么不干不净的东西，全扔给我？！”

是那时候，他还是个默默无闻的小公务员，没几个人搭理他。现在可不同了，他“男大十八变，越变越好看”，这不，看惯美女的哀帝都被他迷得神魂颠倒了。

董贤是个美男，这点毋庸置疑，但到底有多美就无从考证了，只有哀帝可以做证：“董圣卿比后宫里边那个赵飞燕还美！”都说情人眼里出西施，在哀帝的眼中，董贤简直是比宋玉还要好看的美男子，对他一见钟情，从此欲罢不能。

哀帝自从跟董贤好上之后，两人的感情就飞速发展。当时，董贤已经结了婚，哀帝就跟他说：“朕知道你已经成家，男人嘛，对家庭还是应该有责任心才好。要不这样吧，你把你老婆接进宫来照顾，咱们就能天天相伴了。”于是，董贤不仅把老婆接进宫，顺便还把自己的妹妹献给哀帝，做了他的妃嫔。

皇亲国戚们见哀帝又给他们增加了一个竞争对手，心里不乐意了，就想要阻止。但是，爱情的力量是伟大的，一向优柔寡断的哀帝，这次的态度却变得异常强硬，在众人面前扬言：“朕从今以后只宠爱董贤一人，他要啥朕就会给他啥。总有一天，这朝中的大权都归他所有。”

社会风情

董贤私访丞相

丞相孔光做御史大夫时，董贤的父亲是孔光的下属。后来董贤做了大司马时，跟孔光平级，汉哀帝想帮董贤把场子找回来，故意让董贤去拜访孔光。孔光明白皇帝的心思，听说董贤要来，亲自布置安防工作，整齐衣冠，站在门口等候。孔光的隆重得到了回报，很快，哀帝给孔光的两个侄儿升了官。

这话一出口，各家亲戚不淡定了：皇上您身为一国之君，玩玩非主流可以，但是也不能把它当真，董贤这么年轻，怎么能担当大任呢？哀帝不听，不仅三天两头地送些香车宝马、珍奇古玩给亲密爱人，还愣是想方设法地把他扶上位，掌管国家朝政。傅昭仪看见自己的孙儿为了一个男人竟然如此胡闹，一口气缓不过来，就此仙去了。

大臣王嘉看不过去，就在哀帝要送给董贤封地的时候，站出来劝阻道："皇上啊，就算是个功臣，您这又送官又送钱的也已经足够了，怎么连土地也给人家呢？这是不合规矩的，况且董贤根本就没立过功，不过是长得好看点儿，您千万不要执迷不悟！"

哀帝一拍桌子，当场怒道："朕是一国之君，不过就是喜欢个人，有啥错的？朕的奶奶都管不了我了，你王嘉能管得住？"说完，就让人把王嘉关进大牢。

王嘉也是个硬骨头，心想自己是劝不了皇上了，出去当官也没啥意思，倒不如现在死了，还能留个好名声。于是，他索性在狱中绝食，二十多天后，吐血而死。满朝文武都唏嘘不已，哀帝可不管这么多，他现在眼中只有董贤一人。

名臣风骨

"人怕我，不祥"

萧咸是名臣萧望之的儿子，门第高贵，董贤的父亲董恭很羡慕，想跟萧家联姻，托人为小儿子向萧家求婚。萧咸听了心中惶恐，说董家的富贵那是普通人承受得了的吗，指定不会有好结果。于是胆战心惊地表示拒绝，董恭感叹："我家做了什么对不起天下人的事，让人家害怕到这个程度！"

曾有一次，哀帝和董贤相拥而眠，在醒过来后发现自己的袖子被压住了，就想叫醒对方。他先看了董贤一眼，当时便不忍心了，只见对方面若桃李，吐气如兰，分明是一幅活脱脱的海棠春睡图。他在心中暗赞了一声“美人”，然后就让人找来剪刀，把袖子给剪断才下床。从这以后，“断袖之癖”这个词便流传开来。

到了后来，他们的感情日渐浓厚，哀帝更是在群臣面前表态：“剪袖子算啥，朕还想向尧、舜学习，今后把皇位禅让给董贤呢。”官员们吓坏了，当时就劝他打消这个念头。哀帝脸一沉，从此对劝谏过的大臣嫉恨起来。

公元前 1 年，在位七年的哀帝突然去世，董贤因为没了靠山，也只好自杀，这场闹剧才算结束。

向历史借智慧

抱得大树好乘凉，大树没了也彷徨

俗话说，抱得大树好乘凉，就在大家想尽办法上位的时候，什么都不厉害的董贤，就凭一张漂亮的脸蛋靠到了哀帝的身上，轻而易举地得到了金钱、地位。让人又是羡慕又是恨，结果哀帝死了，董贤就失去了生活保障，只好选择死亡，这就是大树没了也彷徨啊。

王莽好炒作

王政君自从死了老公，权力越来越大，而王家也跟着鸡犬升天。可惜的是，王家的男人不争气，没几个好好念过书的，治国不会，安民也不会，就奢侈浪费在行。时间一长，社会上的人开始抱怨了，说王家仗着自己是皇亲国戚，恣意妄为，刘家的江山早晚会被他们给败光。这可是大罪过，王家再厉害，那也不是正统，到时候成为人民公敌，皇亲国戚啥的还不都是浮云？

就在这个时候，一个叫王莽的小子适时出现了。他是王政君的侄子，虽然沾上了亲戚关系，但他家可不富裕，而他也不是富二代。都说“穷人的孩子早当家”，王莽也不例外。幼年时，他就没了父亲，后来哥哥也去世了，生活过得很不如意。等到读书的时候，他更能深刻体会“知识改变命运”这个道理。于是，在纸醉金迷的王家，一个“三好学生”诞生了。

王莽对内孝顺母亲，侍奉嫂嫂，还帮忙带他哥哥的孩子；对外则结交一些贤德之士，行为谨慎谦恭，深得大家的赞赏。时间

庙堂真相

王政君在关键时刻出现

在哀帝临终前，祖母王政君太后在时刻关注着他。一听说他驾崩，当天就到了未央宫，收回了传国玉玺。哀帝是成帝的侄儿，他也没有子嗣，那么谁有了玉玺，谁就有了发言权。在关键时刻，王太后任命王莽为大司马，王家就此“千秋万代、一统江湖”了。

长了，王家人便开始重视起他来。王莽见自己的机会来临，便忙着讨好王凤等人。后来，王凤重病的时候，他更是衣不解带，日夜守候在对方身边。

王凤很感动，死的时候还专门跟王政君说：“王莽这孩子挺好的，您今后一定要多照应照应他，没准咱们王家就指望他了。”王凤死后，王莽就靠着他的临终遗言，在宫里找到了份正式工作。

当时的朝廷里已经乌烟瘴气，官员们大多自扫门前雪，王莽对这件事看得很通透。他暗道：“如果我也跟这些人一样的话，这辈子肯定没啥出头之日了。越是这种晦暗不明的时候，我越是保持正直廉洁，将来的出路肯定越大。”这话有人不同意了：人人都当贪官，就王莽你做清官，那不等于找死吗？其实不然，王莽可是皇亲国戚，一般官员不敢动他的。再说了，好官是需要好口碑的，好口碑从哪里来？当然要靠千千万万的人民群众啦。

从这儿以后，他老婆再也没见着过他的工资本。为什么？因为王莽每个月的工资都拿去搞慈善事业了。他要是在街上碰见一两个乞丐，立马掏出腰包，把银两送给别人；哪家穷人想装修或造屋盖房了，他就把自己家里的马车给卖掉，拿去资助别人。时

庙堂真相

汉平帝的短暂一生

平帝刘衎，原名刘箕子，他是成帝的侄子、哀帝的堂兄弟、元帝最小的儿子中山王刘兴的儿子。哀帝死后，王莽为方便掌权，立了年仅八岁的平帝，并把比平帝大三岁的女儿嫁给了平帝做皇后。六年后，平帝病死，终年十四岁。

间一长，百姓们都知道长安城出了个乐善好施的官员。

当然，单单笼络首都的百姓是不够的，全国的百姓才是真正强大的舆论主体。正因为如此，每次国家只要有发生水旱灾害的地方，王莽就开始吃素，还对外宣称：“吃素好，我这是为灾区人民祈福、积德呢。”

上天给了王莽一副易瘦的身材，吃素几天后，他就逐渐消瘦下去。王政君看见后，就跑来劝他：“侄儿，你的心意上苍都知道了，你还是别吃素了，再瘦下去身体扛不住，到时候还怎么处理国家大事？”

有一次，两百多个官民还在他的带头下主动献出自己的土地，供灾民无偿使用。为了安抚灾区民众，王莽更是减免当地的租税，给大家发抚恤金。接下来，他又命人在长安城修了很多住宅，用来安置灾民。百姓们对他的这一善举交口称赞，而他在朝中的影响力也日益大起来。

后来，随着王莽的事业蒸蒸日上，他的女儿也进宫当了皇后。这下好了，王莽亲上加亲，要是一般官员，做梦都得笑醒。可是他不同，他很淡定，就连人家把聘礼啥的送上门，他都还在问：“咱

社会风情

公主三嫁

汉时女子改嫁是很正常的事情。敬武公主初嫁富平侯张临；张临死后，又嫁临平侯赵钦；赵钦死后，再嫁高阳侯薛宣。薛宣死后，竟然与薛宣的儿子私通。王莽主政后，敬武公主出言指责王莽，王莽找了个理由，派人以太皇太后诏令的名义赐她毒药。公主大怒：“刘氏孤弱，王氏擅权，排挤宗室罢了，怎么可能嫂嫂赐毒药给妹妹呢？”但仍被迫饮药而死。

能不能不要？”

大家都劝他：“您别拒绝了，这是皇帝娶老婆，如果连聘礼都不给的话，那也太寒碜了吧。您好歹意思意思，收下一部分。”王莽这才勉为其难地收下聘礼。接着，他又转手把这些金银钱财分给家族里的一些贫困户，自己分文没要。

官员们震惊了，百姓们高兴了：咱大汉朝终于出了一个贤德的人了，我们一定力挺他到底。就这样，王莽在万民的欢呼声中，仕途越来越顺利，以至后来还当上了皇帝。

向历史借智慧

得人心者得天下

古语云：得人心者得天下。王莽很聪明，深知群众的力量，三番五次地树立自己的形象，从而拉近他与百姓的距离，最终成功地当了皇帝。历史上像王莽这样的人有很多，就说三国时期蜀主刘备在笼络人心方面那也是一等一的高手，这位织席贩履的村夫，肚子里虽然没有多少墨水，却硬是把勇武过人的关张二人调理得俯首帖耳，让才比管乐的诸葛孔明鞠躬尽瘁，一句话：皆是笼络人心的结果。

篡位皇帝

别看王莽的人气指数飙升，早在哀帝时候，他的官运可是不太好的。当时，哀帝的登基使得朝中一下挤进了四家皇亲国戚，众人你争我斗，局势很不明朗，而王莽也成为这场斗争的牺牲品。

此时的他倒是很看得开的，悄悄地从自己的官位上退下来，离开了长安城。众人看他一副看淡名利的模样，都不由得暗自赞叹，殊不知这家伙早就有心走出家门，到外面去收买民心了。

这期间，他的儿子王获犯了错，冲动之下把自己家的仆人给杀死了。好事不出门，坏事传千里，他儿子才杀了人，下一秒钟小道消息就不胫而走。王莽很无奈，人都死了，难道要我儿子赔命？想到这儿，“大义灭亲”四个字就毫无悬念地蹿进他的脑海。

王莽的确是个做大事的人，牙一咬，心一横，就把儿子叫来，先是一顿拳打脚踢，后来又说：“这年头名人更新换代太快了，你老爸我又最重名声，要想保住这个地位的话，没有牺牲是不行的。你现在居然给我闹出这么大的事来，这不是存心害我不安生吗？

庙堂真相

王莽爱作秀

王莽控制朝政后，变得爱哭起来。这不是因为他看自己杀人多，感到后怕。这是他想撇清关系，也是在变相要更多的权。王莽想要什么时，先向手下略微示意，手下心有灵犀，就抢着给皇帝太后上奏。这时，王莽就磕头哭泣，坚决推辞。最后越推辞越给，他就由周公变成摄皇帝、假皇帝，最后成了真皇帝。

再说了，我也养了你这么多年，现在就是你向老爸报恩的时候了。”

王获听懂了，老爸是想要自己用命去抵过，顺便成全他的大义之名。王获虽然犯了法，但老爸的话却是不能不听的，他又不是那种能狠心弑父的人，杀老爸下不了手，于是，王获自尽了，王莽也因此得到一个大义灭亲的好名声。

等到汉哀帝去世，年幼的平帝即位，王莽青云直上的时候终于来到。当时，平帝的亲生老妈见儿子成功上位，也想来长安沾沾光。王莽立刻跳出来阻止：“外戚专权最坏事了，你们就在原地待着别动。况且你儿子在宫里你们也不愁吃喝，就别来搅局了。”

平帝的亲戚对他恨得牙痒痒，却也没辙。他儿子王宇看不过去了，就说：“老爸，咱也是外戚，不也照样在京城吗？既然大家都一样，你为啥不让别人进来呢？做人不能这么不厚道。”

王莽可不听，继续坚持己见。王宇见劝不动老爸，只好转而跟老师吴章和老婆的家人商量，为卫氏家族出谋划策。吴章提议说：“你老爸挺有原则的，一般人可说不动他，倒不如借鬼神吓唬吓唬他，我们再从旁相劝，这样胜算比较大。”

于是，众人决定先在王莽家的大门上洒点猪血，玩一把心跳

野史秘闻

白居易评王莽

王莽的故事，后人评说很多，但最为人所熟知的，却是诗人白居易的一首诗：“周公恐惧流言日，王莽礼贤下士时。若是当时便身死，千古忠佞有谁知？”当大家都认为周公做得不对，说周公坏话的时候，周公死了，那么大家也就不会知道周公的忠诚；当大家都觉得王莽礼贤下士，说王莽好话的时候，王莽死了，那么大家也就无从了解王莽的奸伪。所以说，要认识一个人，真难哪，是是非非，好人与坏人，不是很容易就分得清的！

游戏，然后再由吴章出面求情。可惜，这件事还不等实施，就被对方知晓了。王莽为此大发雷霆：“这年头连儿子都不向着我，哼，既然如此，我连他也不放过！”

没几天，王宇就被自己的老爸关进大牢，还没等说上两句话，就被毒杀了。而远在千里之外的卫氏一家也没能幸免，连带着那些反对过王莽的地方豪强都被一网打尽。最终，几百人无辜被杀，受牵连者不计其数。

后来，王莽为了赢取人心，又派了一批公关走访各地，宣传他这是在大义灭亲、为人民服务，并且在全国各地广发传单，希望获得知识分子和广大百姓的支持。宣传的效果出奇地好，全国人民都热烈拥戴他。

平帝不开心了：卫氏可是他亲生老妈的家人，现在一一被害，他身为皇帝，却束手无策。遗憾的是，他年纪太小，还不等有所动作，就重病在床了。王莽知道后，连忙一把鼻涕一把泪地来看望他，还在神明面前许愿道：“皇帝是万金之躯，怎么能受到病痛的折磨呢？我愿意以身代他，替他受苦，就算死也无憾！”

官员们很感动，跟着抹眼泪擦鼻涕。然而，平帝最终还是归

野史秘闻

迎合领导能升职

王莽想当皇帝，陈崇投其所好，草拟奏章，极尽肉麻之能事。事成，加官晋爵。后来民怨沸腾，各地纷纷爆发起义，王莽为了显示自己很镇定，精神头很足，将须发全部给染得黑亮黑亮。

天了。公元 5 年，两岁的刘婴被选为皇太子，而王莽被选为代理皇帝。他很不满足，心道：咱都打了一辈子工了，凭啥不能做正职呢？当时的他已经手握大权，缺的无非就是一个契机。

公元 8 年的秋天，一个叫哀章的读书分子出现了。他捧着所谓的“天书”，这真的是天书，一卷叫“天帝行玺金柜图”，另一卷叫“赤帝行玺邦传予皇帝莽金策书”。他声称里面写有王莽取代汉室江山是天意，这话可说大了，但哀章一点都不担心，咱手上有天帝和赤帝呢。天帝不用多说，自然就是老天爷了；至于赤帝，那就是汉高祖刘邦了。好嘛，这下连刘邦都出面了，谁还敢有异议？

终于，在公元 9 年的一天，王莽在全国人民广泛的支持下，改国号为新，正大光明地当了个篡位皇帝。

向历史借智慧

日久见人心

王莽要是生在现在，肯定就是影帝级的人物，他能把每个角色都表演得淋漓尽致，给人们留下深刻记忆的同时，又拥有了众多的粉丝。在那个纲纪混乱、裙带关系复杂的年代，人们最痛恨的就是上流社会的穷奢极欲。而王莽恰恰做到了大义灭亲、恭俭勤政，他准确地击中了人们情感中最脆弱的部分，让大众倒向了他这边。但俗话说，“路遥知马力，日久见人心”，时间是检验一个人是否值得信任的最好标准，王莽忽悠了大众一时，但忽悠不了一世。

更始将军

新朝末年，各路起义军纷纷起来，一是想要推翻王莽的政权，二是想要在争夺天下的时候分一杯羹，当然，能坐到老大那个位子就更好了。乱世之中，英雄什么的肯定少不了，但也不缺庸碌之辈。当时，此类人物中最著名的莫过于更始帝刘玄了。

别看刘玄庸碌无为，可人家好歹是刘氏皇族，祖上也有当官的人，比那些带头起义的王匡、王凤等出身高贵多了。可惜，身份高贵了可不代表做人处世的能力也高人一等。

刘玄年轻的时候，弟弟被杀，本来想找朋友帮忙报仇，结果仇没报了，朋友反倒惹了祸，连累了他。还好他年轻，别的虽然不行，但逃跑还是很在行的。他一路逃到了平林，顺便投身到轰轰烈烈的起义当中。刘玄在起义军中混了一段时间，大家都知道了他是刘氏皇族的后代，便不由得怀念起刘家当政的那些岁月来。虽然那时候的日子并没多好过，但也比新朝末年来得强，好歹刘家的皇帝不随便搞改革不是？于是，在众人要推选老大的时候，

庙堂真相

形象大使很流行

今天的形象大使一般是找明星，古代，形象大使则是找有特殊身份的人，比如王室子弟。新朝时，没那么多王室子弟可找，大家都放低要求，只要姓刘的就行。绿林军捧了刘玄做形象大使，赤眉军也学样，找来一个姓刘的立为皇帝，实际上就是形象大使。这就是放牛娃刘盆子，当时十五岁，穷得衣不遮体。大家向他磕头，刘盆子哪见过这场面，这么多凶神恶煞的大人物齐刷刷跪在他面前，小刘顿时紧张得面红流汗，差点就哭起来了。

身份最尊贵的刘玄成功上位，在公元23年的正月当上了“更始将军”，后来更被人推举成为皇帝。

刘玄很紧张，暗道：“咱虽然顶着皇室后裔的身份，但从小到大就没想过要当英雄，外带拯救苍生啥的。现在被推举上来，我就是想撂挑子不干也不行了。”既然逃不了，他就只好硬着头皮死撑到底。等到举行登基仪式那天，刘玄更是在嘴里不停地念叨：“我叫不紧张，我叫不紧张……”他边走边发抖，很多将领见他直冒冷汗，都不由得暗中嘲笑：“就这么一个撑不起场面的家伙，想让咱听他的话，绝对做不到！”

刘玄的确没啥本事，不过好在当时的起义军势头正猛，他这个名义上的老大就算不管事，下边的人也会尽心尽力地打江山、扩大队伍。他一上台，为了最大限度地赢取民心，就号召大家要打倒王莽，恢复汉室江山。口号一喊出来，百姓们都纷纷响应，本来就岌岌可危的新朝更是危在旦夕。

这一年，新莽的数十万大军围攻河南昆阳一带，力图扭转局势。当时镇守昆阳的起义军也就几千人，王凤等人着急了，嚷嚷着要出城投降。结果，新莽这边的将领们都说：“咱这么多人可不能

野史秘闻

昆阳大战

昆阳之战基本摧毁了王莽的主力。当初，王莽为了自壮声势，不知从哪儿物色了一个巨人，名叫巨毋霸，带着驯养的一批虎、豹、牛、大象等野兽上阵助威。但野兽就是野兽，既能助威，也能捣乱。就在战斗中，突然一声霹雳，狂风大作，大雨倾盆，猛兽们撒腿就往后跑，王莽的士兵都成了它们脚下的泥。回到洛阳，一点人头，四十三万大军只剩下了几千人。

白跑一趟，你们不准投降，一定要给我打到底。”

这下倒好，大家彻底断了想投降求生的念头，各个都咬紧牙关道：“打就打，反正伸头缩头都是一刀，那我们还不如多杀几人，让他们陪葬呢。”起义军本身就如狼似虎，这一仗中更是士气高涨，奋勇拼杀，最终大获全胜。

刘玄万分欣喜，觉得自己押对了宝，现在不仅有免费皇帝当，还能去享受长安皇宫的 VIP 服务。他刚一进宫，就命令宫女侍婢们把好酒好菜端上来，边吃边看歌舞表演。当皇帝的生活让刘玄很享受，他更是把国事交给自己信任的大臣去处理，整天泡在后宫中，不是痛饮美酒佳酿，就是和美女们寻欢作乐。

有的大臣们看不过去了，便劝他还是应该在开会的时候露个面，发表一下对国家大事的看法。刘玄很不耐烦，就随便找个人，让其坐在帘子后面，装模作样地跟大家探讨国事。官员们仔细一听，都发现不是他的声音，便暗自骂道：“就是真想搞山寨也不带这样的吧，找个替身都不知道找个相像的！”

时间一长，众人对他越来越不满。而刘玄不仅浑然不知，还千方百计地想要除掉对自己帝位有威胁的人，他最先把矛头指向

庙堂真相

王莽封官

王莽篡位后，梓潼人哀章认为升官发财的机会来了，献了一封“天书”，让王莽按照这“天书”的名单封拜功臣。王舜、平晏等人是真有，独独王兴、王盛两人是捏造的，王莽认了真，满世界找叫王兴、王盛的，还真找着了。王莽拜王兴为卫将军，这家伙原来是城门保安；又拜王盛为前将军，这家伙更绝，本来是个卖烧饼的。

了后来的汉光武帝刘秀的哥哥——刘縯。刘縯才能卓越，在跟新莽的多次交战中表现出色，人品也不错，朝中的很多官员都愿意跟他结交。刘玄为此很不开心，暗道："这姓刘的也是皇室后裔，虽然家里条件没我好，但他能文能武，我可没法比。既然大家能选我当皇帝，难保哪天不去选他。先下手为强，后下手遭殃，这事没得说，我一定要先除掉他。"

一次，朝中有官员在刘玄面前发牢骚，当面指责他的不是，刘玄便命人把其拖出去斩首。刘縯看不过去，就上来劝他手下留情。刘玄便借题发挥，说："他当面藐视皇权，本来就该处死。现在你居然帮他求情，那也是看不起朕了？哼，既然这样的话，你俩就一块儿到黄泉路上做伴吧。"

刘縯就这样无辜被杀，而刘秀当时的实力并不强，尽管对刘玄恨之入骨，却不得不隐忍下来。其实，众人心里都很清楚，绿林军能走到这一天，很多时候都是靠刘縯和刘秀两兄弟带兵打出来的。现在刘秀的哥哥被杀，他怎么可能愿意继续屈居人下？果然，公元25年，刘秀自立为皇帝，南征北讨，直至后来建立东汉王朝，而刘玄却在几年之后的战乱中被人活活勒死。

向历史借智慧

小人虽得志，终将会灭亡

小人一旦得志了，必定猖狂，说得一点也不错。刘玄不过是刘氏皇族中一个平庸的成员，性格懦弱不说，还毫无雄才大略，只因为有着纯正的血统，才被卷入到反新起义的队伍中。刚刚进入长安，他就放任专权，开始了奢华的生活，整天不务正业不说，没事就找碴杀一些比自己强的人。但他就不知道小人之道终归是成不了大事的，结果最终招来了杀身之祸。

王莽之死

王莽当皇帝前可算是摆足了面子，等到他死的时候，也同样惊天地、泣鬼神。公元23年，昆阳之战结束后，新莽政权深受打击，有的官员坐不住了。

当时，朝中有个负责占卜星象的刘歆，他对几个关系要好的官员说："我看咱们的皇上是撑不久了，大家都是聪明人，应该知道不能吊死在一棵树上这个道理吧？要不咱们今年秋天的时候起来造反，顺便向更始帝投降。"

有人问了，为啥要秋天？星相学家刘歆便神秘地回道："秋天有白虎星，那东西一旦出现的话，打打杀杀这些事都容易成功。"众人一听，忙点头称是。在古人看来，星相学家算出来的东西，能有错吗？

然而，还不等他们有所动作，消息就传到王莽那里，这几人就毫无悬念地死了。不过，刘歆人虽不在了，但白虎星的预言还真的成真了。当年秋天，天空中不但出现了白虎星，起义军对新

庙堂真相

书呆子改革

王莽热爱儒家理想中的"古代"，大搞复古改革，对少数民族的改革也按古书来。古书有四海，王莽就胁迫羌人"献"出青海湖一带，设立了西海郡，这样，与国内已有的北海郡（国）、南海郡、东海郡合起来就成了"四海"了。王莽觉得匈奴、高句丽的名字不能够显示他的皇帝威严，就将匈奴单于改为"降奴服于"，高句丽改名"下句丽"。各族拒绝改名字，纷纷宣布独立，战乱又起。

莽的攻势也越加猛烈，队伍离长安城越来越近了。

一向喜欢装淡定的王莽终于坐不住了，就找来官员们想办法。有人便提议道："皇上啊，打仗什么的咱是打不过了。但是，您看《周礼》《春秋》那些古书上都写着'先号啕而后笑'，由此看来，我们要想避过这一劫，向上天哭诉一下没准还行。"

王莽很震惊，问道："这也行？哭还能解决问题？"

那人很笃定地回答说："那些巫师本来就在《周礼》上写了，还说国家有难的话，可以向上天哀哭请求。再说了，前段时间那刘歆说有白虎星，现在不是真有了吗？而且您看那些起义军来势汹汹，没准还真是沾了那颗倒霉星的光。"王莽点点头，直夸对方说得有道理。

于是，王莽便发布消息，说自己准备向上苍祷告，动员长安城的百姓一起参加。百姓们很纳闷，说饭都吃不饱了，你还让我们参加集体活动，不是白白浪费精力，让人饿得更快吗？

结果，还不等大家发牢骚，上面又下令了："你们在祷告的时候只管哭，哭得越惨越好，到时候管饱饭。"众人没话说了，既然有饭吃，掉几滴眼泪有啥关系？

社会风情

新朝亡后的形势

王莽新朝灭亡后，先后出现了三个汉政权，公元 23 年绿林军建立的刘玄更始政权、公元 25 年在河北城建立的刘秀政权、公元 25 年赤眉军建立的刘盆子政权。三个政权你争我夺，杀得天昏地暗，终于在公元 25 年年底决出胜负，刘秀笑到了最后，公元 36 年，他统一全国。

等到祷告那天，王莽率先大喊一声“苍天哪”，就开始仰着头跟老天爷作自我介绍，说自己是天命所归的新朝皇帝，有心带领大家走向大同社会，结果遭遇了乱臣贼子，希望老天爷能帮帮忙，为自己消灭他们。说完之后，他便一挤眼眶，一捏鼻子，开始号啕大哭。为了把自己的心意传达给上天，在动情的时候，他更是跪在地上，边磕头边哀哭不止。

百姓们看皇帝都哭了，自己也赶紧跟上，开始扯开嗓子哀号起来。霎时间，整个长安城中，上至垂垂老者，下至三岁稚童，人人都奋力哭泣。王莽听着满城不绝于耳的哭声，还是觉得不够，便又吩咐身边的人说：“你们一定要二十四小时供应粥饭，让百姓们随时吃饱随时哭，这样上天才能听到我们的心意。”

然而，长安城中的哀哭并没有起到作用，起义军的攻势依然猛烈，新朝的军队还是节节败退。百姓们再也不愿和这个改革家混了，在十月的一天，长安城发生了暴动，皇宫也被人放火烧了。火势蔓延得很快，王莽惊慌失措，带着一帮侍卫东躲西藏。

百姓们趁着火势猛烈的时候，直接冲进皇宫，边跑边喊：“王莽那家伙呢？快点出来受死！”

野史秘闻

王莽祈天

起义军势大，王莽没有兵将可用，只能慌忙乞求老天保佑。他率领群臣来到南郊，把当皇帝的情况都向老天诉说了，说到动情处就号啕大哭。他又让人写了篇《告天策》，让百姓们不分昼夜地哭，并说凡是能诵读《告天策》的就可以升官，结果一下子给五千多人升了官。

宫女太监们哪里见过这样的阵势，都吓得瑟瑟发抖。王莽见状，倒是镇定下来了：“怕什么？朕是天命所归，他们这帮平头老百姓难道能把朕杀了？！”

显然，王莽这次又说错了，他并非天命所归，而他的性命也是任何人都可以了结的。当时，宫中一片混乱，其中有个叫杜吴的商人在找到他后，就毫不留情地将他砍死。百姓们见了，都一拥上前，用刀割下他的肉，分吃入肚。王莽就这样死在乱军之中，他在位共十五年，而他建立的新朝也是中国历史上著名的短命王朝之一。

向历史借智慧

不要低估人民群众的智商

王莽的悲哀就在于，对外欺负老百姓，对内又自己骗自己，这促使他迅速灭亡。早知道是这样的结果，何必自欺欺人呢，难道他真以为自己能骗别人一辈子？一旦伪装被戳穿，买单的只能是自己。所以说，做人千万不要学王莽，不要欺骗自己，也不要低估他人的智商。

图书在版编目（CIP）数据

一口气读懂中国史／将进酒·黄 著．—北京：东方出版社，2020.1
ISBN 978-7-5207-1206-4

I．①一… II．①将… III．①中国历史－古代史－青少年读物
IV．① K220.9

中国版本图书馆 CIP 数据核字 (2019) 第 198578 号

一口气读懂中国史·西汉故事
(YIKOUQI DUDONG ZHONGGUOSHI · XIHAN GUSHI)

作　　者：将进酒·黄
责任编辑：辛春来
出　　版：东方出版社
发　　行：人民东方出版传媒有限公司
地　　址：北京市朝阳区西坝河北里 51 号
邮　　编：100028
印　　刷：三河市嘉科万达彩色印刷有限公司
版　　次：2020 年 1 月第 1 版
印　　次：2020 年 1 月第 1 次印刷
印　　张：70（全 10 册）
开　　本：880 毫米 ×1230 毫米　1/32
字　　数：1570 千字（全 10 册）
书　　号：ISBN 978-7-5207-1206-4
定　　价：268.00 元（全 10 册）
发行电话：(010) 85924663　85924644　85924641